Rolf Morrien | Lars Günther

VERSCHENKEN SIE KEIN GELD!

Kapitalanlage in der Null-Zins-Phase

W0173658

Rolf Morrien   Lars Günther

VERSCHENKEN SIE KEIN GELD!

Kapitalanlage
in der Null-
Zins-Phase

Bibliografische Information der Deutschen Nationalbibliothek

Die Deutsche Nationalbibliothek verzeichnet diese Publikation in der Deutschen Nationalbibliografie. Detaillierte bibliografische Daten sind im Internet über **http://dnb.d-nb.de** abrufbar.

Für Fragen und Anregungen:
info@finanzbuchverlag.de

1. Auflage 2015

© 2015 by FinanzBuch Verlag,
ein Imprint der Münchner Verlagsgruppe GmbH,
Nymphenburger Straße 86
D-80636 München
Tel.: 089 651285-0
Fax: 089 652096

Lektorat: Judith Engst
Umschlaggestaltung: Melanie Melzer, München
Umschlagabbildung: unter Verwendung von iStock-Bildern
Satz: EDV-Fotosatz Huber/Verlagsservice G. Pfeifer, Germering
Druck: Konrad Triltsch GmbH, Ochsenfurt
Printed in Germany

ISBN Print 978-3-89879-908-9
ISBN E-Book (PDF) 978-3-86248-726-4
ISBN E-Book (EPUB, Mobi) 978-3-86248-727-1

Weitere Informationen zum Verlag finden Sie unter

www.finanzbuchverlag.de

Beachten Sie auch unsere weiteren Verlage unter
www.muenchner-verlagsgruppe.de

INHALT

VORWORT

Liebe Leser,

fangen wir direkt mit einer schlechten und einer guten Nachricht an. **Die schlechte Nachricht zuerst: Gewöhnen Sie sich an niedrige Guthabenzinsen für Ihr Sparguthaben.** Das Drama in Zahlen: Pro Jahr verlieren deutsche Sparer aufgrund der Niedrig-Zins-Phase 60 bis 70 Mrd. € an Zinseinnahmen. Ausgerechnet hat das Professor Hans-Werner Sinn, Chef des Ifo-Instituts. Seine Zwischenbilanz im Jahr 2014 lautete: »Nach meiner Berechnung sind den Deutschen seit 2008 etwa 300 Mrd. € entgangen im Vergleich zu den Zinsen, die Ende 2007, vor dem Ausbruch der Krise, zu erzielen waren.« Sein Fazit: »Die Sparer verlieren sehr viel Geld.«

Anfang der 1990er-Jahre hat der Niedrig-Zins-Trend begonnen und sich nach Ausbruch der Finanzkrise 2007 verschärft. Im Sommer 2014 ist die Rendite für zehnjährige Bundesanleihen zum ersten Mal in der Geschichte unter die 1-%-Marke gerutscht. Für Bundesanleihen mit Laufzeiten bis fünf Jahren liegt Ihre Rendite bei 0 %. Sie können dem Staat gratis Geld leihen und verzichten dabei auf Zinsen.

In einigen Jahren werden die Zinsen wieder auf 2 bis 3 % steigen, aber das Zinsniveau, das deutsche Sparer in den 1970er-, 1980er- oder 1990er-Jahren erlebt haben (Bundesanleihen brachten zum Teil über 10 % Rendite), werden Sie in diesem Geldsystem mit hoher Wahrscheinlichkeit nicht mehr erleben. Der einfache Grund: Die Schulden sind zu stark gestiegen. Unser Schuldensystem würde eine Hoch-Zins-Phase nicht mehr überleben.

Jetzt aber die gute Nachricht: Die Zinssenkung in Richtung 0 % ist ein Wachmacher – es gibt renditestarke Anlagealternativen zu den Minizins-Angeboten. Über Jahrzehnte hinweg haben sich deut-

sche Sparer mit relativ geringen Zinsen abspeisen lassen. Der Zinsabsturz in Richtung 0 % sorgt endlich für ein Umdenken. Laut Markt-
forschungs-Unternehmen GfK waren 66 % der Befragten mit der
Wertentwicklung ihrer Geldanlage unzufrieden. Unzufriedenheit ist
die Voraussetzung dafür, das eigene Handeln zu überprüfen und im
Optimalfall zu ändern. John D. Rockefeller, einer der reichsten Un-
ternehmer der Wirtschaftsgeschichte, hat das etwas überspitzt so for-
muliert: »Es ist gewinnbringender, einen Tag im Monat über Geld
nachzudenken, als 30 Tage dafür hart zu arbeiten.«

Wie oben beschrieben sinkt das Zinsniveau – in der Tendenz – seit
mehreren Jahrzehnten. Die Reaktion der deutschen Sparer bis zum
jüngsten Zinsabsturz? Nicht messbar! Laut Bundesbank-Bericht legen die deutschen Sparer über 80 % ihres Geldvermögens in Zins-
anlagen an. Aktien, also die Anlageform, die in den vergangenen gut
100 Jahren mit rund 8 % Rendite pro Jahr den höchsten Ertrag abgeworfen hat, kommen bei den deutschen Sparern nur auf einen Anteil
von 5,8 %. Rund 93 % der Deutschen besitzen keine Aktien. Der
Zins-Absturz auf 0 % kann und sollte dafür sorgen, dass wir unser
Sparvermögen ausgewogener anlegen. Wenn sich dadurch das Ver-
halten der Sparer dauerhaft verändert, hat die Zinskrise sogar eine
positive Seite.

**Mit dem richtigen Anlagemix entkommen Sie der Zinsfalle. Daher
lautet unser Appell: Verschenken Sie kein Geld!**

Die Voraussetzungen, die Spargroschen aktiv anzulegen, waren nie
besser. Die Informationsbeschaffung ist durch das Internet viel einfacher geworden, und die Transaktionskosten sind für Privatanleger so
niedrig wie nie zuvor. Wenn Sie zum Beispiel für 2.000 € Anteile eines Indexfonds oder auch einzelne Aktien kaufen möchten, kostet Sie
das bei einer günstigen Depot-Bank keine 10 € an Gebühren.

Es gibt also keine Ausrede mehr, warum über 80 % des Sparvermögens »tot« auf dem Konto liegen sollten. Als Leser dieses Buches zeigen Sie, dass Sie einen Handlungsdruck verspüren und aus eigener Kraft der Zinsfalle entkommen möchten. Selbst dann, wenn Sie nicht die Ambitionen haben, nach der Lektüre dieses Buches Aktien und Anleihen selbstständig zu kaufen, helfen Ihnen die hier zusammengestellten Informationen. Wenn Sie die folgenden rund 130 Seiten aufmerksam lesen, gehen Sie mit sehr viel Fachwissen und Selbstvertrauen in das nächste Gespräch mit Ihrem persönlichen Bankberater. Lassen Sie sich keine gebührenträchtigen Bankprodukte aufschwatzen, setzen Sie stattdessen Ihre persönlichen Anlageziele um – gerne auch mit Unterstützung eines kompetenten Bankmitarbeiters, der dann aber kein Verkäufer, sondern ein Berater sein sollte.

Abschließend noch ein Hinweis. **Sie benötigen für Ihren persönlichen Anlageerfolg eine Eigenschaft: Mut!** Diese Eigenschaft brauchen Sie gleich in zweifacher Hinsicht:

➤ Sie müssen den Mut haben, jetzt einen Teil Ihres schlecht verzinsten Sparkapitals in Anlageformen mit höheren Risiken und besseren Erträgen umzuschichten.

➤ Sie benötigen aber auch den Mut, einen Teil Ihres Geldes in kurzfristige Sparformen zu investieren, die aktuell nur knapp über 0 % Zinsen bieten, dafür aber schwankungsarm und jederzeit auflösbar sind. Auch als bekennende Aktienanleger sagen wir ganz deutlich: Ein »Notgroschen« muss stets verfügbar sein. Hier müssen Sie aktuell in den sauren Apfel beißen und die 0-%-Rendite akzeptieren. Wir wissen aus eigener Erfahrung, wie viel Überwindung es kostet, auf eine attraktive Rendite-Chance zu verzichten.

Es hat seine Vorteile zu wissen, dass Sie im Notfall schnell, problemlos und ohne Wertverlust eine Geldreserve verfügbar haben. Etwa dann, wenn Sie nach einem Unfall ein neues Auto brauchen. Mit einer solchen Geldreserve haben Sie nämlich auch die innere Ruhe, einen anderen Teil Ihres Sparvermögens in renditestarke Investments mit längerem Anlagehorizont zu investieren.

Die richtige Mischung aus Rendite, Sicherheit und Liquidität erleichtert Ihnen die Arbeit. Welche Anlageformen für Sie attraktiv sind, wo Gefahren lauern, wie Sie die Renditen berechnen und wie aus der langweiligen Nestlé-Aktie plötzlich eine kleines Renditewunder wird, erfahren Sie auf den folgenden Seiten.

Viel Erfolg bei der Geldanlage wünschen Ihnen

Lars Günther und Rolf Morrien

TEIL I:
GRUNDLAGEN

Das »Magische Dreieck« und andere Auswahlkriterien für Ihre Geldanlagen

Als das »Magische Dreieck der Geldanlage« werden die drei konkurrierenden Ziele Sicherheit, Liquidität und Rendite bezeichnet. Sie bilden sozusagen die Eckpunkte eines Dreiecks. Mit diesem Bild soll ausgedrückt werden, dass man zwar jedes dieser Ziele für sich genommen und meist auch zwei gemeinsam erreichen kann, aber nicht alle drei zugleich.

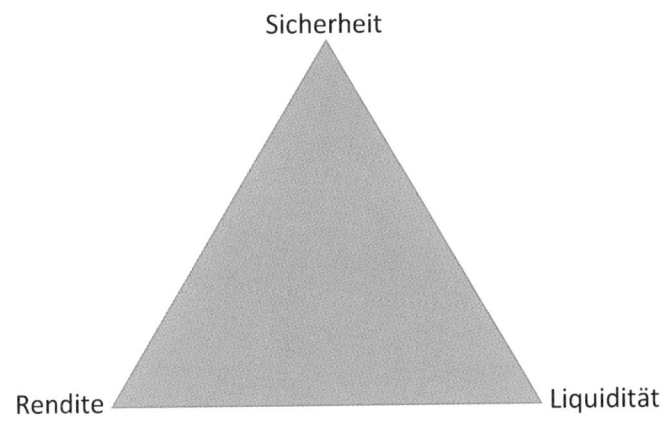

Abbildung 1: Das »Magische Dreieck«

Wählen Sie etwa den Mittelpunkt des Dreiecks. Das entspräche einer Geldanlage, die Sicherheit, Liquidität und Rendite in ausgewogener Weise berücksichtigt. Wenn Sie sich nun von diesem Punkt gedanklich in Richtung des Eckpunkts »Sicherheit« bewegen, werden Sie sich von den beiden anderen beiden Punkten entfernen. Oder Sie steuern den Mittelpunkt der Seite des Dreiecks an, welche die Punkte

»Sicherheit« und »Liquidität« verbindet. Dann entfernen Sie sich auf
direktem Weg vom dritten Punkt des Dreiecks, der »Rendite«.

»Sicherheit« bedeutet, dass Sie Ihr investiertes Kapital mit hoher
Wahrscheinlichkeit in voller Höhe (ggf. zuzüglich der Erträge, z. B.
Zinsen) zurückerhalten werden. »Liquidität« heißt, dass Sie nicht an
Laufzeiten oder Kündigungsfristen gebunden sind, sondern jederzeit
an Ihr Geld kommen – kurzfristig und ohne nennenswerte Kosten.
Und »Rendite« bezeichnet den Gewinn, der Ihnen aus einer Kapital-
anlage zufließen kann – etwa durch Zinsen, Dividenden oder Kurs-
steigerungen.

Das Ende der sicheren Rendite

Oft lassen sich mit einer Anlageform zumindest zwei der drei genannten Anlageziele erreichen. So bieten z. B. Aktien von großen, international bekannten Unternehmen gute Renditechancen (Kurssteigerungen und Dividenden) und lassen sich börsentäglich verkaufen (Liquidität). Da ihre Kurse aber nicht nur steigen, sondern auch fallen
können, sind sie keine sichere Geldanlage. Auf einem Giro- oder Tagesgeldkonto ist Ihr Geld hingegen sicher und auch täglich verfügbar,
es wirft aber in der jetzigen Niedrig-Zins-Phase keine bzw. kaum Rendite ab. Unter Berücksichtigung der Teuerungsrate müssen Sie möglicherweise sogar einen realen Wertverlust Ihres Vermögens hinneh-
men. Ein realer Wertverlust bedeutet: Sie erhalten zwar Zinsen, aber
die Inflationsrate ist höher. Obwohl Ihr Geldvermögen leicht wächst,
können Sie dafür künftig weniger Waren und Dienstleistungen kaufen
als zum jetzigen Zeitpunkt. Die Kaufkraft des angelegten Geldes sinkt.

Für die dritte Variante, nämlich unter Verzicht auf Liquidität gleichzeitig Sicherheit und Rendite zu erhalten, stehen in Hoch-Zins-
Phasen zum Beispiel langlaufende Staatsanleihen zur Verfügung.

Doch anstatt eine sichere Rendite oberhalb der Inflationsrate und somit einen realen Kapitalzuwachs zu versprechen, werfen sie heute (Anfang 2015) nur Mini-Renditen ab. Teilweise liegen diese unter 1 %, aber Ihr Kapital ist oft über Jahre gebunden. Ein Beispiel für diese Rendite-Veränderung: Wenn Sie aktuell eine Bundesanleihe mit einer Laufzeit von 30 Jahren erwerben, erhalten Sie eine Rendite von 0,9 % pro Jahr. Sparer, die vor 20 Jahren eine Bundesanleihe mit dieser Laufzeit gekauft haben, konnten sich über rund 6,5 % Rendite pro Jahr freuen. Asoka Wöhrmann, Chefstratege der Vermögensverwaltung der Deutschen Bank, fasst die jetzt vorherrschende, neue Rendite-Ära wie folgt zusammen: »Es gibt keine bonitätsstarken Anleihen mehr, die gute Renditen abwerfen. In einem Satz: Das ist das Ende des sicheren Zinses.«

Die Magie des »Sowohl – als auch«

Nicht nur die verschiedenen Arten der Geldanlage unterscheiden sich hinsichtlich ihrer Berücksichtigung von Sicherheits- und Liquiditätsbedürfnissen sowie Renditechancen. Auch innerhalb einzelner Anlageformen können Sie als Anleger zwischen Sicherheit und Rendite abwägen. Während zum Beispiel die als sehr sicher geltenden deutschen Staatsanleihen momentan mit unter 1 % verzinst sind, versprechen Anleihen von Staaten mit einem höheren Kreditausfallrisiko deutlich mehr Zinsen (Beispiel Griechenland). Und während seit Jahrzehnten Aktien erfolgreicher internationaler Großkonzerne gute Aussichten auf stetiges, aber relativ langsames Wachstum bieten, sind bei Startup-Unternehmen in der Technologiebranche wahre Kursexplosionen möglich – aber auch die Insolvenz und damit der Totalverlust des angelegten Geldes.

Es gibt kein Patentrezept, keine einfache »Lösung« für das Problem, eine ausgewogene Mischung zwischen Sicherheit, Rendite und Liquidität zu erzielen. Anleger haben ganz unterschiedliche Voraussetzungen bezüglich Lebensalter, Anlagesumme, Anlagedauer und Notwendigkeit, das Geld ständig verfügbar zu halten. Auch die subjektiven Vorlieben unterscheiden sich: Welche Rendite strebt der Einzelne an, und welches Risiko ist er bereit, dafür einzugehen? Es geht also nicht um eine Entweder-oder-Entscheidung zwischen Sicherheit, Rendite und Liquidität, sondern um eine Anlagestrategie, die alle drei Ziele gemäß Ihren eigenen Ansprüchen möglichst optimal miteinander verbindet.

Ein wichtiges Mittel ist die Diversifikation (oder Diversifizierung), die Verteilung der Geldanlage auf mehrere Anlagen und Anlageformen. Wer sein Kapital auf Aktien unterschiedlicher Branchen und Währungsgebiete streut, kann vom Wachstumspotenzial des Aktienmarktes profitieren, ohne befürchten zu müssen, z. B. durch eine Unternehmensinsolvenz, Branchenkrise oder regionale Krise sein gesamtes Kapital zu verlieren. Durch eine Investition in mehrere Anleihen mit unterschiedlich langen Restlaufzeiten lässt sich zudem die Liquidität erhöhen, weil das festgelegte Geld immer wieder in Teilen verfügbar wird.

Weitere Kriterien: Einfachheit, Kosten, Haltedauer

Sicherheit, Liquidität und Rendite sind die zentralen Ziele der Vermögensanlage, aber nicht die einzigen, die zu beachten sind.

Eine wichtige Frage bei der Beurteilung einer Anlageform ist auch die der Transparenz. Wie einfach (oder umgekehrt: wie kompliziert) ist die jeweilige Geldanlage? Diese Frage betrifft zum einen die Verständlichkeit: Ist es auf den ersten Blick verständlich, was Sie tun müssen, um Ihr Geld in eine bestimmte Anlageform zu investieren, unter welchen Umständen Gewinne (oder Verluste) entstehen, wie und ggf. wann Sie wieder an Ihr Geld kommen – und welche steuerlichen Auswirkungen dies alles für Sie hat? Oder müssen Sie sich erst durch einen seitenlangen »Beipackzettel« durcharbeiten oder gar einen komplizierten Vertrag abschließen? Erhalten Sie Ihre Erträge, z. B. in Form von Zinsen bzw. Dividenden, regelmäßig über die Dauer der Investition verteilt? Oder gibt es ein undurchsichtiges Nebeneinander von (niedrigen) Zinsen während der Laufzeit und Bonuszahlungen am Schluss? Das ist ganz gerne bei Zertifikaten der Fall, was dem Interesse der emittierenden Bank geschuldet ist, Ihr Geld möglichst lange zu binden. Das aber bringt Ihnen keinen Nutzen und kann Ihnen im Jahr der Auszahlung womöglich sogar unnötige Verluste durch die Abgeltungssteuer bescheren.

Ebenfalls ein Aspekt der »Einfachheit« bzw. Unkompliziertheit einer Anlageform ist die Frage, wie viel Aufwand Sie für eine Investition betreiben müssen – zu Beginn, während der Laufzeit und am Schluss. Können Sie, nach einmaliger Konto- oder Depoteröffnung, jederzeit per Mausklick einzahlen oder abheben, kaufen oder verkaufen? Oder müssen Sie erst einen komplizierten Vertrag abschließen, und jede nachträgliche Veränderung der Anlagesumme ist entweder ausgeschlossen oder mit viel Aufwand, Gebühren oder Provisionen verbunden? Müssen Sie womöglich regelmäßig Börsenmeldungen verfolgen, um auf eine aufziehende Verlustgefahr reagieren zu können?

Bei einigen Anlageformen entstehen Kosten, zum Beispiel in Form von Gebühren, Provisionen oder einem Aufschlag auf den Kaufpreis (Agio). Gerade in Zeiten niedriger Zinsen zeigen sich Banken sehr erfinderisch bei der Erhebung von Gebühren. Da es für sie kaum noch Spielraum gibt, durch eine Senkung des Guthabenzinses ihren Gewinn zu erhöhen, versuchen sie es eben dadurch.

Unter Einberechnung dieser Kosten ergibt sich für manches Finanzprodukt eine reale Rendite, die deutlich weniger attraktiv ist als die nominale Rendite aus dem Werbeprospekt des anbietenden Finanzinstituts. Doch nicht all diese Kosten können Sie schon vorab in die Rendite einberechnen. So kann es beispielsweise vorkommen, dass Gebühren für eine vorzeitige Kündigung anfallen und Sie eine solche Kündigung zunächst nicht planen und folglich auch nicht in Ihre Renditekalkulation einbeziehen. Trotzdem: Alle Kosten, die – wenn auch nur unter bestimmten Umständen – Ihre Rendite schmälern, sind ärgerlich und sollten nach Möglichkeit vermieden werden. Wie Sie das bei einzelnen Anlageformen schaffen, erfahren Sie in diesem Buch. Speziell beim Fondskauf können Sie die Kosten deutlich reduzieren. Da dann ab der ersten Minute wesentlich mehr Geld für Sie arbeitet (weil weniger Gebühren abgezogen wurden), ist das langfristig ein enormer Gewinn-Hebel. Mehr dazu lesen Sie im Kapitel »Bewährte Beispiele …« ab S. 128.

Ein weiterer Punkt, der bei jeder Geldanlage zu beachten ist, ist die Haltedauer. Manche Finanzprodukte (z. B. Lebensversicherungen, Staatsanleihen, Optionsscheine) besitzen eine festgelegte Laufzeit. Ggf. können sie vor Ablauf weiterverkauft werden, wobei dann auch Kursverluste möglich sind. Andere Produkte (etwa Sparkonten oder Aktien) besitzen grundsätzlich kein Zeitlimit, was aber nicht bedeutet, dass sie für jeglichen Anlagehorizont gleichermaßen empfehlenswert wären.

Damit Sie diese Bewertungskriterien besser einschätzen können, finden Sie am Ende eines jeden Anlagekapitels eine Bewertungsübersicht (»Kurz-Check«). Wir bewerten für Sie, wie gut die einzelnen Anlageformen die Kriterien erfüllen. Damit das Urteil für Sie verständlich wird, begründen wir jede Einstufung kurz und knapp. Dieses Bewertungssystem liefert Ihnen Orientierungspunkte für Ihre persönlichen Anlageentscheidungen und hilft Ihnen beim Vergleich von Anlage-Alternativen.

Anhand dieser Kriterien bewerten wir die Anlage-Instrumente

Wir stellen Ihnen in diesem Buch rund ein Dutzend Anlage-Instrumente vor, mit denen Sie auch in der Null-Zins-Phase eine positive Rendite erreichen können. Am Ende der jeweiligen Kapitel finden Sie einen Kurz-Check mit den Prüfkriterien Sicherheit, Liquidität, Renditechance, Einfachheit, Kosten und Haltedauer. Lesen Sie hier die Begründung, warum wir uns ausgerechnet für diese Kriterien entschieden haben:

Sicherheit: Wer Geld anlegt, muss die Risiken kennen und eine Vorstellung davon haben, wie stark mögliche Kursschwankungen ausfallen können.

Liquidität: Wie schnell und einfach kann ein Sparer das jeweilige Anlageinstrument wieder in Geld umwandeln? Jeder von uns hat schon erlebt, dass völlig überraschend eine größere Geldsumme benötigt wird. Wer sein Geld in dieser Notlage vollständig in wenig liquide Anlageformen investiert hat, kommt nicht an sein Geld heran oder muss dabei hohe Kursabschläge akzeptieren.

Renditechance: Schon bei der Investition sollten Sie ein klares Ziel vor Augen haben. Welche Rendite streben Sie mit diesem Instrument an?

Einfachheit: Nur einfache Anlageinstrumente lassen sich gut beurteilen. Ist ein Produkt zu komplex (gewisse Derivate, Genussscheine, Bausparverträge etc.), gibt das Punktabzug.

Kosten: Privatanleger haben vor allem bei börsennotierten Wertpapieren früher enorm unter den hohen Kosten gelitten. Das ist heute anders. Der Siegeszug der günstigen Online-Broker hat Depot- und Orderkosten massiv gesenkt. Der Handel von Fondsanteilen an den einschlägigen Börsenplätzen hat zudem die Kaufprovisionen der Fonds spürbar nach unten gedrückt. Trotzdem sind die Kosten nach wie vor ein wichtiges Bewertungskriterium dafür, ob eine Geldanlage überhaupt rentabel sein kann.

Haltedauer: Schon vor dem Kauf müssen Sie wissen, welche Haltedauer Sie anstreben. Ungünstig wäre ein einheitliches Zeitprofil. Besser ist es, wenn Sie Anlageinstrumente mit unterschiedlichen Anlagehorizonten kombinieren.

Diese sechs Kriterien lassen gewisse Bewertungsspielräume zu. Es gibt nicht die eine richtige Einordnung. Daher begründen wir jeweils kurz und knapp unsere Einschätzung. Sie können daran erkennen, wie wir zu der jeweiligen Entscheidung in Bezug auf die hier vorgestellten Kriterien gekommen sind. Es bleibt selbstverständlich Ihnen überlassen, einzelne Kriterien anders zu bewerten. Wir liefern Ihnen damit lediglich eine erste Orientierungshilfe, wie Sie Aktien, Fonds, Genussscheine oder auch Anleihen bewerten können (nicht müssen).

Was Sie wissen müssen, wenn Sie in Aktien, Anleihen & Co. investieren möchten

Ein Grund, warum viele Anleger ihre Ersparnisse so konservativ anlegen, ist das fehlende Basiswissen. Nur wenige Schulen vermitteln das erforderliche Rüstzeug, um verschiedene Anlageformen miteinander vergleichen zu können. Wer jedoch nicht vergleichen kann, wird sich im Zweifel für die einfachste Variante entscheiden, die der Bankberater vorstellt. Einfach ist in diesen Fällen aber selten gut.

Dieses Buch kann nicht das nachholen, was unser Bildungssystem seit Jahrzehnten versäumt hat, aber die folgenden Grundlagen erleichtern Ihnen die Entscheidungsfindung beim Thema Geldanlage.

Ein großer Teil des Buches dreht sich um Anleihen und Aktien. Bevor wir diese Papiere vorstellen und im Hinblick auf unsere Kriterien für Sie bewerten, erscheint es sinnvoll, einige grundlegende Informationen vorab zur Verfügung zu stellen. Lesen Sie dazu die folgenden Abschnitte.

Über die Funktionsweise von Anleihen

Anleihen sind neben Aktien eine der wichtigsten Wertpapiergattungen. Im Prinzip handelt es sich dabei um in kleine Einheiten gestückelte Kredite. Die Investoren am Kapitalmarkt leihen Unternehmen oder Staaten Geld, indem sie deren Anleihen kaufen. Dafür bekommen sie jährlich eine Zinsausschüttung.

Wie hoch diese Zinsausschüttung ist, sagt Ihnen der Zinskupon einer Anleihe. Er wird in Prozent des Nominalwerts ausgedrückt. Haben

Sie beispielsweise 1.000 € in eine Anleihe investiert und liegt der Zinskupon bei 3 %, dann dürfen Sie vom Emittenten (das ist in dem Fall der Staat oder ein Unternehmen) jährliche Zinszahlungen in Höhe von 30 € erwarten.

Der Nominalwert, der auch als Nennwert bezeichnet wird, ist der Preis, zu dem Sie als Anleger eine Anleihe kaufen können, wenn diese neu am Kapitalmarkt platziert wird. Dieser Vorgang wird auch Emission genannt; frisch aufgelegte Wertpapiere heißen daher auch Neu-Emissionen. Zugleich ist der Nominalwert in aller Regel auch der Preis, den der Emittent der Anleihe am Ende der Laufzeit an die Anleiheinhaber zurückzahlt.

Der Nominalwert ist stets eine Prozentangabe. Wundern Sie sich daher nicht, wenn Sie im Kursteil Ihrer Zeitung hinter den Anleihen ein Prozentzeichen und nicht etwa das €-Symbol finden. Ein Beispiel: Die Anleihe besitzt einen Nominalwert von 1.000 €. Diese 1.000 € entsprechen 100 %. Wenn Sie in der Kursliste sehen, dass die Anleihe bei 105 % notiert, bedeutet dies, dass Sie 1050 € für die Anleihe zahlen müssen. Notiert die Anleihe nur bei 95 %, kostet die Anleihe 950 €.

Der Nominalwert ist daher nicht gleichzusetzen mit dem Preis, den Sie an der Börse für eine Anleihe zahlen müssen. Sobald Sie eine Anleihe über die Börse kaufen, zählt nur der Anleihekurs. Er richtet sich – wie an der Börse üblich – nach Angebot und Nachfrage. Ist die Nachfrage hoch und das Angebot niedrig, steigt der Kurs. Verhält es sich umgekehrt, sinkt der Kurs. In der Regel schwankt der Anleihenkurs während der Laufzeit mehr oder weniger stark um die Marke von 100 % herum:

➤   Notiert der Kurs über 100 % (Fachleute sagen: »über pari«), bedeutet dies: Es gibt eine große Nachfrage. Beispielsweise, weil der Emittent zahlungskräftiger ist, als es der gezahlte Zinssatz vermuten lässt.

➤ Notiert der Kurs unter 100 % (»unter pari«), dann heißt das: Das Angebot ist groß, die Nachfrage weniger. Das ist beispielsweise bei Emittenten der Fall, die weniger zahlungskräftig sind und trotzdem nur niedrige Zinsen bieten. Auch schlechte Nachrichten in Bezug auf einen Emittenten sorgen dafür, dass sich der Anleihenkurs verschlechtert.

Die wichtigsten Begrifflichkeiten rund um das Thema Anleihen

Leider lässt sich beim Thema Geldanlage nicht vermeiden, dass immer wieder Fachbegriffe auftauchen. Damit die folgenden Seiten leichter verständlich sind, haben wir die wichtigsten Begriffe für Sie kurz zusammengefasst.

Zinskupon: Der Zinskupon drückt aus, wie viele Zinsen der Emittent jährlich an den Anleiheinhaber auszahlt. Er wird stets in Prozent des Nominalbetrags angegeben. Die Höhe des Zinskupons richtet sich nach der Zahlungskraft (Bonität) des Emittenten. Je riskanter die Anleihe, desto höher ist im Allgemeinen der Zinskupon.

Nominalwert (Nennwert): Der Nominalwert wird stets in Prozent angegeben. Bei Emission und Rückzahlung liegt er in der Regel bei 100 %. Während der Laufzeit kann der Kurs der Anleihe um den Nominalwert schwanken.

Stückelung (oft auch als »kleinste handelbare Einheit« bezeichnet): In viele Anleihen können Sie nicht beliebig kleine Beträge investieren. Die Stückelung beziehungsweise »kleinste handelbare Einheit« gibt vor, wie viel Sie mindestens in eine Anleihe investieren müssen (typische Stückelungen sind in Deutschland 1.000 oder 50.000 €).

Rating: Damit Sie als potenzieller Anleihenkäufer einschätzen können, wie hoch die Zahlungskraft (Bonität) des Emittenten ist, gibt es

die sogenannten Ratings. Das ist ein Notensystem – vergleichbar mit
Schulnoten. Ein sehr gutes Rating bedeutet, dass weder laufende
Zinszahlungen noch die Rückzahlung des Nominalbetrags zum Fäl-
ligkeitszeitpunkt aus heutiger Sicht in Gefahr sind. Ein schlechtes
Rating zeigt an, dass es Schwierigkeiten geben könnte.

Stückzinsen: Hierbei handelt es sich bei einem unterjährigen Anleihenkauf um eine zeitanteilige Zinserstattung des Anleihen-Käufers an
den Vorbesitzer der jeweiligen Anleihe. Denjenigen Teil der nächsten
Zinszahlung, der auf die Haltedauer des Vorbesitzers entfällt, muss
ihm der Käufer gleich beim Kauf erstatten.

So berechnen Sie die Rendite einer Anleihe

Die jährliche Rendite einer Anleihe ist nicht gleich ihrem Zinskupon.
Denn auch die Kursschwankungen spielen eine Rolle. Deshalb sollten Sie wissen, wie sich die korrekte Rendite ermitteln lässt.

Die Basisformel lautet:

$$Anleihenrendite = 100\,\% * \frac{Nominalzins + \dfrac{Verkaufskurs - Kaufkurs}{Laufzeit}}{Kaufkurs}$$

Fallbeispiel 1: Im ersten Fallbeispiel interessieren Sie sich für eine Anleihe, die neu am Markt ist, eine Laufzeit von fünf Jahren und einen Zinskupon von 3 % besitzt. Der Ausgabekurs der Anleihe beträgt 100 %, der
Rückzahlungskurs 100 %. Die Rendite-Berechnung mithilfe der Basisformel sieht dann in diesem sehr einfachen Beispiel wie folgt aus:

$$Anleihenrendite = 100\,\% * \frac{3 + \dfrac{100 - 100}{5}}{100}$$

Das Ergebnis in diesem Beispiel ist 3 %.

Fallbeispiel 2: Der zweite Fall ist schon etwas komplizierter: Die Anleihe läuft noch 3,5 Jahre, der Zinskupon liegt bei 3 %, der Kurs an der Börse bei 103 % und der Rückzahlungskurs beträgt 100 %. Berechnung:

$$Anleihenrendite \ = \ 100\,\% \ * \ \frac{3 + \dfrac{100 - 103}{3,5}}{103}$$

Das Ergebnis lautet 2,08 %.

Praxistipp: Anleihenrechner im Internet nutzen

Unter den folgenden Internetadressen finden Sie Online-Rechner, mit denen Sie die Rendite von Anleihen bequem und ohne komplizierte Formeln selbst berechnen können:

➤ www.zinsen-berechnen.de/bondrechner.php

➤ www.finanzrechner.org/geldanlage-rechner/anleihenrechner

Anleihen-Qualität:
Das Problem mit den Noten der Rating-Agenturen

Bevor Sie einem Staat oder einem Unternehmen Geld leihen (durch den Kauf einer Staats- oder Unternehmensanleihe), sollten Sie sich über dessen Zahlungskraft (in der Fachsprache auch »Bonität« genannt) informieren. Ein Hilfsmittel dazu sind die Noten, die von Rating-Agenturen erstellt werden.

Rating-Agenturen sind meist privatwirtschaftliche Unternehmen und werden in der Regel vom Anleiheemittenten bezahlt. Fallen die Noten positiv aus, sind nach Meinung der Rating-Agentur weder Rückzahlung noch Zinszahlungen in Gefahr. Dagegen signalisieren schlechte Rating-Noten, dass es Probleme mit der Zahlungskraft des Emittenten geben kann. Die bekanntesten Rating-Agenturen sind Standard & Poor's, Moody's, Morningstar und Fitch. Im Folgenden finden Sie beispielhaft eine Tabelle mit den Noten der Rating-Agentur Standard & Poor's:

Note	Bedeutung
AAA	Bestmögliche Note
AA+ AA AA-	Sehr hohe Qualität
A+ A A-	Hohe Qualität
BBB+ BBB BBB-	Noch gute Qualität
BB+ BB BB-	Bereits riskant
B+ B B-	Spekulativ
CCC+ CCC CCC-	Hohes Risiko
CC	Sehr schlechte Qualität
C	Ausfallgefahr
D	Zahlungseinstellung

Tabelle 1: Die Noten der Rating-Agentur Standard & Poor's

Die Noten der Rating-Agenturen spielen speziell bei Anlageentscheidungen der großen, institutionellen Anleger eine wichtige Rolle. Je nach Regelwerk dürfen zum Beispiel einige Fonds und Großanleger nur Zinspapiere kaufen, die eine festgelegte Mindest-Note erreichen. Wichtig ist vor allem die Grenze zwischen BBB- und BB+. Noten bis einschließlich BBB- gelten noch als vergleichsweise sicher.

Viele institutionelle Investoren dürfen daher nur in Anleihen investieren, deren Rating-Note bei mindestens BBB- liegt. Dazu zählen vor allem Fonds, Stiftungen, Versicherungen, Pensionsfonds und Pensionskassen, die ihre späteren Zahlungsverpflichtungen an Versicherte beziehungsweise Pensionäre nicht durch riskante Anlagen gefährden dürfen. Deshalb spricht man bei Noten oberhalb von BBB- von »investment grade«.

Ab der Rating-Note BB+ spricht man an der Börse von »spekulative grade«, was schon andeutet, dass diese Zinspapiere nur für spekulativ eingestellte, das heißt risikobereite Investoren geeignet sind.

Wenn Sie Anleihen mit den Noten C oder D kaufen, müssen Sie einen Totalausfall einkalkulieren. Diese Zinspapiere eignen sich im Regelfall nur für Anleihe-Profis, die darauf hoffen, dass der angeschlagene Emittent in letzter Sekunde doch noch gerettet wird und dann auch die Anleihe zurückzahlt.

Oder: Diese Finanzprofis kaufen sich über die Anleihen günstig in ein Unternehmen ein und wandeln nach der Zahlungsunfähigkeit die Schulden (Fremdkapital) in Unternehmensanteile (Eigenkapital). Das ist eine Spezialstrategie ausgewählter Hedgefonds und Finanzinvestoren. Als Privatanleger sollten Sie aber die Finger davon lassen.

Bei den Anleihen mit extrem schlechten Noten wird auch von »Junk Bonds« (»Müll-Anleihen«) gesprochen. Solche Anleihen mögen noch so hoch verzinst sein: Die große Ausfallgefahr macht sie zu reinen Zockerpapieren.

Wichtig: Vertrauen Sie nicht blind den Rating-Noten

Spätestens seit Ausbruch der Banken- und Finanzkrise im Jahr 2008 ist klar: Die Noten der Rating-Agenturen können gewaltig danebenliegen. Ein Beispiel dafür waren die vielen US-Immobilienanleihen, die von den Rating-Agenturen gut bis sehr gut benotet wurden, dann aber innerhalb kürzester Zeit nahezu wertlos wurden.

Ein weiteres Beispiel ist die amerikanische Pleite-Bank Lehman Brothers, die noch Anfang September 2008, wenige Tage vor ihrer Insolvenz, von Standard & Poor's mit der Note A (hohe Qualität) eingestuft worden war.

Das Kernproblem von damals besteht auch noch heute: Rating-Agenturen sind privatwirtschaftliche Unternehmen, die in aller Regel von ihren Auftraggebern für die Vergabe von Rating-Noten bezahlt werden. Und diese Auftraggeber sind diejenigen Staaten und Unternehmen, die sich am Kapitalmarkt Geld leihen wollen. Wenn eine Rating-Agentur eine schlechte Note verteilt, besteht die Gefahr, dass das betroffene Unternehmen (oder der betroffene Staat) zur nächsten Rating-Agentur abwandert. Daher wird eine Rating-Agentur im Zweifel ein Auge zudrücken und nur dann eine schlechte Note verteilen, wenn die Probleme für alle Marktteilnehmer leicht zu erkennen sind.

Die Rating-Noten wären viel glaubwürdiger, wenn die Käufer der Anleihen für die Analyse zahlen würden. Aber leider sind nur wenige Investoren bereit, für unabhängige Analysen Geld auszugeben. Daher bleibt es vorerst beim alten Rating-Modell. Für Sie als Anleihe-Interessent bedeutet das: Vertrauen Sie nicht blind auf Rating-Noten! Bilden Sie sich zum jeweiligen Emittenten auch ihre eigene Meinung.

Stückzinsen: Kompliziert, aber fair

Anleihen werden ständig an der Börse gehandelt; der Zinsertrag fließt in der Regel aber nur einmal pro Jahr. Damit jeder Anleihenbesitzer den passenden Anteil am Zinsertrag erhält, wird bei einem Anleihenkauf die nächste Zinsausschüttung zwischen dem Verkäufer (sprich: dem bisherigen Inhaber der Anleihe) und dem Käufer aufgeteilt. Der Käufer muss dem Verkäufer vorab die Zinsen erstatten, die anteilig auf dessen Haltedauer seit der letzten Zinsausschüttung entfallen.

Ein Beispiel: Ein Anleihekäufer erwirbt für 1.000 € eine Anleihe, deren Zinskupon 4 % (= 40 €) beträgt. Der Kauf findet genau ein halbes Jahr nach der letzten Zinsausschüttung statt. Dann erhalten in dem Jahr beide Besitzer (der ehemalige Besitzer und der neue Besitzer) je den halben Zinsertrag (= 20 €). Das heißt: Der Käufer muss dem Verkäufer der Anleihe 2 % des Nominalwerts (die Hälfte des Zinskupons) gleich beim Kauf erstatten und zahlt daher 1.020 statt 1.000 € für eine Anleihe.

Bei der nächsten Zinsausschüttung – ein halbes Jahr später – erhält der neue Anleihebesitzer die vollen 4 % (= 40 €) des Nominalwertes vom Emittenten. Da er vorab 20 € an den Altbesitzer gezahlt hat, bleiben ihm unterm Strich ebenfalls 20 € Zinsertrag. In den Folgejahren kassiert er dann jeweils den vollen Zinsertrag.

Aktien: Die Dividendenrendite als unterschätzte Geldquelle

Nachdem die vorigen Abschnitte die Funktionsweise von Anleihen näher beleuchtet haben, geht es jetzt darum, Aktien als sinnvolle Zinsalternative vorzustellen. Sie haben richtig gelesen: Eine Kernthese in diesem Buch lautet: Dividenden schlagen Zinsen! Aber warum werden dann rund 80 % des Geldvermögens in Deutschland in Zinsprodukte investiert und nicht einmal 10 % in Aktien mit einer Dividendenausschüttung?

Dafür gibt es zwei Gründe: Zum einen wissen sehr viele Sparer zu wenig über die Anlageform Aktie und damit auch über das Thema Dividende. Zum anderen waren Zinspapiere nach dem Zweiten Weltkrieg fast immer eine gute Wahl, wenn es um sichere und planbare Geldeinkünfte ging. Während die Zinserträge regelmäßig zwischen 3 und 6 % lagen – in Spitzenzeiten konnten sogar rund 10 % erreicht werden – liegt die durchschnittliche Dividendenrendite der 30 DAX-Unternehmen bei rund 2,5 %. Warum also unsichere 2,5 % Dividendenrendite wählen, wenn es vom Staat oder von soliden Unternehmen 3 bis 6 % Zinsen gibt?

Diese Rechnung ist heute allerdings nicht mehr korrekt! Seit Ausbruch der Finanzkrise im Jahr 2008 haben sich die Gewichte verschoben. Während die sicheren Zinsrenditen in Richtung 0 % fallen, sind im Gegenzug die Unternehmen so großzügig wie nie zuvor. Henderson Global Investors schätzt, dass im Jahr 2014 weltweit zum ersten Mal mehr als eine Billion US-Dollar in Form von Dividenden ausgeschüttet wurde. Und der positive Trend geht weiter.

Einige eindrucksvolle Zahlen für den deutschen Markt: Während die börsennotierten Unternehmen im Jahr 2014 gut 33 Mrd. € ausgeschüttet haben, dürfte die Dividendensumme im laufenden Jahr 2015 auf rund 35 Mrd. € steigen. Die Großkonzerne im DAX kommen bereits auf eine Dividendensumme von gut 30 Mrd. €. Die durchschnittliche Dividendenrendite liegt im deutschen Leitindex DAX bei 3 %. Während also die Zinsrenditen so niedrig sind wie nie zuvor, erreichen die Dividenden gleichzeitig neue Rekordwerte.

Daher unser Aufruf: Verschenken Sie kein Geld! Schichten Sie einen Teil des Geldes, das aktuell quasi unverzinst »arbeitet«, in attraktivere Anlageformen um. Dazu gehören auf jeden Fall dividendenstarke Aktien. Konkrete Namen und Dividendenrenditen folgen im Aktienkapitel ab S. 102. Zunächst möchten wir Ihnen zeigen, wie Sie die Dividendenrendite berechnen.

So berechnen Sie die Dividendenrendite

Die Dividendenrendite ergibt sich aus der Division der Dividende durch den aktuellen Aktienkurs multipliziert mit 100 %. Die Formel lautet:

$$\frac{Dividende}{Aktienkurs} \; x \; 100\,\% = Dividendenrendite$$

Ein einfaches Musterbeispiel: Der Aktienkurs notiert bei 90 € und das Unternehmen zahlt pro Aktie 3 € Dividende. Dann sieht die Rechnung wie folgt aus:

$$\frac{3\,€}{90\,€} \; x \; 100\,\% = 3{,}33\,\%$$

Eine Dividendenrendite von 3,33 % schlägt aktuell fast jedes solide Zins-Angebot, wird Sie aber vielleicht noch nicht begeistern. Das sieht aber entscheidend anders aus, wenn Sie den Faktor Zeit mit einkalkulieren!

Der Faktor Zeit als Gewinnhebel für die Dividendenrendite

Erfolgreiche Unternehmen erhöhen regelmäßig die Dividende. In fünf Jahren wird das oben genannte Unternehmen nicht 3, sondern 5 € Dividende pro Aktie ausschütten. Da Sie die Aktie zum Kurs von 90 € (und nicht zum jetzt aktuellen Kurs) gekauft haben, bleibt der

Nenner bei der Berechnung der Dividendenrendite unverändert bei 90 €. In fünf Jahren sieht Ihre Rechnung dann noch viel besser aus:

$$\frac{5\ €}{90\ €}\ x\ 100\ \% = 5,56\ \%$$

Mit jeder einzelnen Dividendenerhöhung steigt Ihre persönliche Dividendenrendite. Das ist ein elementarer Unterschied zu Zins-Zahlungen, die in 99 % der Fälle fix sind (für Privatanleger gibt es nur wenige Anleihen mit einer variablen, das heißt über die Laufzeit veränderlichen Verzinsung).

Wie mächtig der Faktor Zeit bei der Dividendenrendite ist, zeigen konkrete Beispiele im Kapitel über Dividenden-Aktien. Wir können Ihnen an dieser Stelle schon jetzt verraten: Selbst extrem »langweilige« Unternehmen kommen mit der Zeit auf zweistellige Dividendenrenditen.

Und für sehr junge Sparer und für ältere Sparer, die die nächste Generation glücklich machen wollen: Nach 50 Jahren liegen die Dividendenrenditen sogar im dreistelligen Bereich. Ein konkretes Beispiel mit echten Kursen und Dividenden folgt später. Wir haben dabei bewusst nicht den »Dividenden-Champion« genommen, sondern ein Unternehmen, das jeder von Ihnen kennt. Also keinen »Geheimtipp«, auf den vorher niemand kommen konnte.

Hohe Dividenden sorgen für Kursgewinne

Eine positive Nebenwirkung laufender Dividendenerhöhungen möchten wir Ihnen nicht verschweigen: Die stetig steigenden Dividendenrenditen ziehen immer mehr Anleger an. Steigt die Aktien-Nachfrage, steigt auch der Aktienkurs.

So ist es eine logische Konsequenz, dass starke Dividendenwerte auch überdurchschnittliche Kursgewinne abwerfen. Laut einer Studie von Ned Davis Research erzielten die Aktien aus dem wichtigsten US-Index, dem S&P 500, zwischen 1972 und 2012 einen Wertzuwachs von 6,94 % pro Jahr. Die Aktien von den Unternehmen, die in dieser Phase regelmäßig die Dividende erhöht haben oder erstmalig die Zahlung starteten, kamen sogar auf einen Gewinn von 9,48 %. Die Dividende war hier der entscheidende Kurstreiber. Die Studie zeigt: Langfristig hängen starke Dividendenwerte den Gesamtmarkt deutlich ab.

Wann fließt die Dividende?

Eine Frage darf beim Thema Dividende nicht fehlen: Wann fließt das schöne Geld in die Taschen der Aktionäre? Leider gibt es hier keine einheitliche Regelung. In einzelnen Ländern gibt es in dieser Beziehung unterschiedliche Traditionen und Regeln.

In Deutschland ist die Dividenden-Regelung einfach: Auf der Hauptversammlung der Aktiengesellschaft wird über die Dividendenhöhe abgestimmt. Am ersten Bankentag (Werktag) nach der Hauptversammlung fließt dann das Geld automatisch auf die Depotkonten der Aktionäre.

In Großbritannien sind zwei Ausschüttungen pro Jahr üblich. Die Unternehmen zahlen oft eine etwas kleinere Zwischendividende mitten im Geschäftsjahr und eine größere Schlussdividende, wenn die Bilanz des Geschäftsjahres vorliegt.

In den USA ist das Aktien-Sparen sehr verbreitet. Viele US-Bürger nutzen die Dividendenerträge für ihre private Altersvorsorge. Daher sind die US-Aktionäre an regelmäßigen Ausschüttungen interessiert. Es gibt Unternehmen, die monatlich eine kleine Ausschüttung vornehmen, aber Standard ist in den USA eine Quartalsdividende. Alle drei Monate schütten die Unternehmen eine Dividende aus.

Wichtig: Bei der Berechnung der Dividendenrendite müssen Sie auf eine einheitliche zeitliche Basis achten. Sie dürfen also nicht eine Jahresdividende aus Deutschland mit der Halbjahresdividende aus Großbritannien oder der Quartalsdividende aus den USA vergleichen.

Für eine einheitliche Berechnung vergleichen Sie beispielsweise die Jahresdividende der Deutschen Telekom mit den beiden Halbjahresdividenden des britischen Konkurrenten Vodafone und den vier Quartalsdividenden des US-Konkurrenten AT&T.

Warum die Deutschen Aktienmuffel sind

Weit über 90 % der Deutschen besitzen keine Aktien. Die niedrige Aktionärs-Zahl könnte darauf hinweisen, dass Aktien für Privatanleger nicht geeignet sind. Das ist aber nicht der Fall. Dazu nur zwei kurze Punkte:

1. **Aktien sind weltweit bei Privatanlegern als Vermögensbaustein weit verbreitet**
   Nur sieben von 100 Deutschen besitzen Aktien. Mit dieser Aktionärsquote liegt Deutschland unter den Industrienationen weit hinten. In unserem Nachbarland Schweiz besitzen 24 von 100 Einwohnern Aktien, in Großbritannien 31, in Spanien 33 und in den USA sogar 56. Auch in Skandinavien, einer Region, die nicht im Verdacht steht, von »Turbo-Kapitalisten« beherrscht zu werden, sind die Aktionärsquoten deutlich höher als in Deutschland. 17 % der Finnen und sogar 38 % der Schweden besitzen Aktien. Warum hat Deutschland beim Thema Aktien die rote Laterne inne? Dafür gibt es gleich mehrere Gründe:

➤ Den Deutschen fehlt die ökonomische Allgemeinbildung. Speziell in den Schulen werden Themen wie Finanzen und Wirtschaft sträflich vernachlässigt.

➤ Aktien werden in Deutschland – anders als in den Massenmedien fälschlicherweise dargestellt – steuerlich benachteiligt. So wird zum Beispiel der Gewinn in den Unternehmen besteuert und dann noch einmal die Gewinnausschüttung, wenn der Aktionär die Dividendenerträge versteuern muss. In anderen Ländern gibt es zum Teil deutlich günstigere Steuerlösungen für Aktionäre. Das Deutsche Aktieninstitut hat bereits im Jahr 2010 einen Vorschlag ausgearbeitet, wie Aktien in Deutschland fair besteuert werden könnten (Details finden Sie auf der Internetseite www.dai.de).

➤ Im Prinzip ist es ja zu begrüßen, dass die Politik Privatanleger vor falschen Entscheidungen in Geldfragen schützen will. Doch hat das dazu geführt, dass in Beratungsgesprächen vor dem Aktienkauf zahlreiche Risikohinweise und Produktinformationen verteilt werden müssen. Für einen Bank- oder Finanzberater ist der Aufwand oft zu groß, auf den Anleger wirkt die einseitige Konzentration auf die Risiken abschreckend. Berater und Anleger einigen sich dann oft auf andere Anlageformen.

➤ In anderen Ländern wurde schon früher erkannt, dass es in der privaten Altersvorsorge auch Vermögensbausteine geben muss, deren langfristige Renditen deutlich über der Inflationsrate liegen. Nur so ist ein echter Vermögensaufbau möglich. Dem deutschen Gesetzgeber fehlt diese Erkenntnis (noch).

2. Aktien bringen langfristig die besten Renditen

Die Deutschen sind zum Teil »Aktienmuffel«, weil sie in der Crash-Phase 2000 bis 2003 viel Geld verloren haben. Der Werberummel rund um die »Volksaktie« Deutsche Telekom hat damals viele neue Aktien-Interessenten angelockt.

Der deutsche Aktienleitindex DAX kletterte erst von 2.000 auf gut 8.000 Punkte, um dann in der oben genannten Crash-Phase auf 2.200 Punkte zurückzufallen. Wer erst bei 4.000 oder 6.000 Punkten eingestiegen war, saß 2003 auf hohen Verlusten. Die Finanzkrise 2007 bis 2009 hat die Angst vor Aktien noch verstärkt.

Das große Aber: In dieser Betrachtung werden nur die Crash-Phasen berücksichtigt, die es kurzfristig an der Börse immer gegeben hat und auch zukünftig geben wird. Die Aktienkurse verlaufen wellenartig mit Auf- und Abschwung – die Grundtendenz zeigt jedoch nach oben.

So ist der deutsche Aktien-Leitindex DAX trotz der genannten Crash-Phasen seit der Gründung im Jahr 1988 von 1.000 auf rund 11.000 Punkte gestiegen (Stand Februar 2015). In der abgeschlossenen 25-Jahres-Phase von 1988 bis 2013 hat der DAX einen durchschnittlichen Jahresgewinn von rund 8 % abgeworfen (Kursgewinn + Dividenden).

Dieser Renditewert von 8 % wird auch am größten Aktienmarkt der Welt, an der US-Börse, im Jahresdurchschnitt bereits seit über 100 Jahren erreicht. In dieser Rechnung sind auch die schlechten Börsenphasen (Erster Weltkrieg, Weltwirtschaftskrise, Zweiter Weltkrieg, Ölpreisschock, geplatzte Internet-Blase, Finanzkrise) enthalten. Schauen Sie sich dazu diesen Chart des US-Leitindex Dow Jones an, bei dem übrigens der Indexstand nicht linear angezeigt wird, sondern logarithmisch:

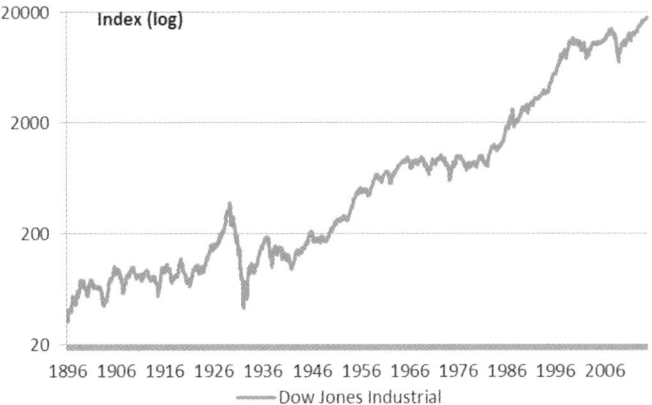

Abbildung 2:
Verlauf des Dow Jones Industrial Average über mehr als 100 Jahre

Niemand kann versprechen, dass Aktien auch in den nächsten Jahrzehnten rund 8 % Gewinn pro Jahr abwerfen. Aber es gibt drei Faktoren, die ansatzweise erklären, warum in der Vergangenheit 8 % Rendite erreicht wurden und warum Aktien auch zukünftig einen ähnlich hohen Gewinn erwarten lassen:

1. In den 8 % durchschnittlichem Jahresgewinn sind die Dividenden enthalten – es kommt also nicht nur auf die Kursgewinne an.

2. Aktienkurse steigen, weil sie zumindest teilweise eine Art Inflationsschutz besitzen.

3. Aktienkurse steigen, weil die Unternehmensgewinne aufgrund von Produktivitätsfortschritten steigen.

Übrigens kann bereits ein kleiner Aktienanteil im Depot die Gewinne entscheidend steigern. Die folgende Musterrechnung soll dies verdeutlichen.

20 % Aktien-Beimischung bringt Gewinnplus von 1.808 €
pro Jahr

Bisher haben wir immer nur die These aufgestellt, dass die Beimischung von Aktien im Vermögens-Mix Ihre Rendite erhöht. Die Analysten der Bank M.M. Warburg haben diese These im Detail untersucht und zwei verschiedene Depots gegeneinander antreten lassen: Das »typische« deutsche Standard-Depot gegen ein einfach strukturiertes Depot mit einem Aktienanteil von moderaten 20 %.

Damit die Daten möglichst genau und realistisch sind, stützt sich M.M. Warburg auf Berechnungen der Deutschen Bundesbank. So hatte laut Bundesbank Ende 2008 ein deutsches Durchschnittsdepot eine Größenordnung von 32.658 € und war wie folgt aufgeteilt: 32 % Cash, 25 % Spareinlagen, 15 % Fonds, 10 % Anleihen, 10 % Termingeld und 8 % Aktien. Dieses »typische« deutsche Musterdepot legte von Ende 2008 bis Ende 2014 von 32.658 auf 40.654 € zu.

Wer Ende 2008 etwas mehr Mut hatte, die Depot-Struktur vereinfacht hat und mehr Aktien beigemischt hat (in diesem Fall ganz schlicht den Aktien-Weltindex MSCI World), kam auf folgende Depot-Struktur: 70 % Anleihen, 20 % Aktien und 10 % Cash. Dieses einfache Depot wuchs im gleichen Zeitraum von 32.658 auf 51.501 €.

Sie sehen: Das einfache – mit Aktien renditeoptimierte – Musterdepot schlug die Standardlösung des deutschen Durchschnittssparers um über 10.000 €. Pro Jahr lag damit der Mehrertrag bei 1.808 €. Dabei war das Depot sogar pflegeleichter und günstiger als die Durchschnittslösung.

Die Analysten von M.M. Warburg wollten es jetzt genau wissen: Wie schneidet ein Anleger ab, wenn ein Aktien-Crash das Depot zeitweise unter Druck setzt? Dazu wurde der Depot-Start einfach um ein Jahr nach vorne verschoben. Wer sein Geld schon Anfang 2008 in das optimierte Depot investiert hatte, musste im Jahresverlauf 2008 die Pleite der US-Bank Lehman Brothers und einen Crash am Aktienmarkt miterleben.

Das Ergebnis in diesem Szenario: Der Aktien-Crash hat den Renditevorsprung des Depots mit der 20 %-Aktien-Beimischung schmelzen lassen, aber am Ende lag dieses Depot dennoch wieder an der Spitze. Ein Sparer mit dieser Lösung hat pro Jahr 1.254 € mehr verdient als der Standard-Sparer, der weitgehend auf Aktien verzichtet hat.

Der Crash am Aktienmarkt hat Nerven gekostet, brachte dafür am Ende aber immer noch das deutlich bessere Ergebnis. Was zeigt: Der Faktor Zeit reduziert die Crash-Auswirkungen. Wer aus Geldmangel nicht gerade direkt im Crash oder nach dem Crash verkaufen muss, wird mit Aktien als Depot-Beimischung auf jeden Fall ein normales deutsches Standard-Depot schlagen. Die Börsenlegende André Kostolany hat die erforderliche Nervenstärke der Aktien-Investoren wie folgt beschrieben: »An der Börse sind 2 mal 2 niemals 4, sondern 5 minus 1. Man muss nur die Nerven haben, das minus 1 auszuhalten.«

Zwischenfazit

Die in diesem Kapitel gezeigten Argumente (Aktien als Anlageform international weit verbreitet, Aktien werfen langfristig durchschnittlich 8 % Gewinn pro Jahr ab) zeigen, dass es keinen vernünftigen Grund gibt, warum in Deutschland über 90 % der Sparer Aktien meiden. Machen Sie diesen Fehler nicht. Als Beimischung gehören Aktien in jedes Depot. Diese Aussage gilt ganz besonders jetzt, da viele Anlagealternativen als Renditebringer praktisch ausgefallen sind. Dazu noch einmal der oben bereits zitierte Kostolany: »Wer gut schlafen will, kauft Anleihen, wer gut essen will, bevorzugt Aktien.«

Nach einem genaueren Blick auf Anleihen und Aktien erhalten Sie jetzt noch einen Einblick in das Thema Sparpläne. Das ist eine sehr empfehlenswerte Methode, um sich mit laufenden, vergleichsweise kleinen Sparraten ein Vermögen aufzubauen.

Mit Sparplänen reduzieren Sie das Risiko bei der Aktienanlage

Im vorhergehenden Kapitel haben wir Ihnen gezeigt, dass die Angst der Deutschen vor der Anlageform Aktie sachlich nicht gerechtfertigt ist. Die starken Kursschwankungen, die in bestimmten Marktphasen immer wieder auftreten, lassen sich sogar positiv nutzen. Die auf den ersten Blick banale Erfolgsformel lautet: Kaufe viele Aktien, wenn der Kurs niedrig ist, kaufe wenige Aktien, wenn der Kurs hoch ist.

Da sich jedoch die wenigsten Privatanleger intensiv mit dem Aktienmarkt beschäftigen können oder wollen, ist es schwierig, das richtige Timing beim Aktienkauf zu erwischen. Diese Hürde können Sie mit einem einfachen Trick überspringen: **Nutzen Sie den Cost-Average-Effekt.**

Der Cost-Average-Effekt (zu Deutsch: Durchschnittskosten-Effekt) funktioniert sehr einfach: Sie investieren in einem festgelegten Intervall (einmal pro Monat, einmal pro Quartal) immer genau die gleiche Summe in eine bestimmte Aktie oder in einen Aktienfonds. Wenn Sie die Anlagestrategie umsetzen, kaufen Sie automatisch eine größere Aktienstückzahl, wenn der Kurs niedrig ist. Dagegen kaufen Sie nur wenige Aktien, wenn der Kurs stark gestiegen ist.

Ein Beispiel: Sie investieren jeden Monat 100 € in eine bestimmte Aktie. Notiert die Aktie bei 10 €, erhalten Sie automatisch zehn Aktien, bei einem Kurs von 20 € fünf Aktien und bei einem Kursniveau von 50 € nur zwei Aktien. Mit der Zeit erhalten Sie so einen guten durchschnittlichen Kaufpreis je Aktie. Hier ein kleines Rechenbeispiel dazu, wie sich der Cost-Average-Effekt auf Ihr Anlageergebnis bei einem Fondssparplan auswirkt:

Aktueller Fondskurs	Monatliche Sparrate	Gekaufte Fondsanteile je Sparrate	Anzahl der gekauften Fondsanteile gesamt	Investiertes Kapital	Gesamtwert der gekauften Fondsanteile
100 €	100 €	1	1	100 €	100 €
66 €	100 €	1,5	2,5	200 €	165 €
80 €	100 €	1,25	3,75	300 €	300 €
50 €	100 €	2	5,75	400 €	287,50 €
66 €	100 €	1,5	7,25	500 €	478,50 €
80 €	100 €	1,25	8,5	600 €	680 €

Tabelle 2: Auswirkungen des Cost-Average-Effekts

Obwohl der Kurs der Fondsanteile stark schwankt und am Ende das hohe Startniveau nicht wieder erreicht wurde (erster Kauf zu 100 € je Fondsanteil, letzter Kauf zu 80 €), liegen Sie mit dieser Strategie am Ende sogar im Plus. Sie haben 600 € investiert und besitzen Fondsanteile im Wert von 680 €. Oder anders gesagt: Während sich der Durchschnittskurs der Fondsanteile auf 73,67 € beläuft, haben Sie Ihre Anteile zum durchschnittlichen Preis von 70,59 € erworben.

Mit dieser einfachen Strategie können Sie auch die beiden größten Börsenfehler vermeiden: Gier und Angst. Oft kaufen Privatanleger gerade dann nicht, wenn Aktien in Crash-Phasen besonders günstig sind, da ihre Angst vor weiteren Kursverlusten zu einer Art Lähmung führt. Wenn dann die Kurse wieder rasant steigen und Freunde und

Nachbarn von großen Gewinnen berichten, springt der Hobbyan-
leger in einem kleinen Anflug von Gier auf den fahrenden Zug auf
und kauft dann Aktien viel zu teuer ein. Wenn Sie immer in einem
festgelegten Intervall gleichmäßig investieren, vermeiden Sie die Bör-
senfallen Gier und Angst.

Praxistipp: So nutzen Sie den Cost-Average-Effekt

Jede Depot-Bank bietet Ihnen einen solchen festen Sparplan an.
Dafür streicht die Bank dann Gebühren ein. Wenn Sie etwas Zeit
investieren, können Sie den Sparplan auch ohne fremde Hilfe
starten. Legen Sie einen festen Termin fest (zum Beispiel den ersten Montag im Monat oder einen festen Stichtag pro Quartal)
und investieren dann stets die gleiche Summe in eine Aktie oder
einen Aktienfonds. Beim Sparplan in Eigenregie müssen Sie allerdings den Anlagebetrag etwas runden, da Sie beim Aktien-
oder Fondskauf nicht punktgenau auf Ihre Wunschsumme kommen. Wenn Banken den Sparplan für Sie ausführen, ist das kein
Problem, da die Banken auch Bruchteile von Fonds oder Aktien
aufnehmen können (wie oben im Beispiel gezeigt).

Vielleicht wundern Sie sich, dass wir in unserem Buch vor lauter
Auswahlkriterien, Anleihen, Aktien und Sparplänen noch kein Wort
über die aktuelle Eurokrise und die Wahrscheinlichkeit eines Crashs
verloren haben. Das holen wir im folgenden Kapitel nach.

WAS TUN, WENN DER CRASH KOMMT?

In verschiedenen Medien – nicht zuletzt im Internet – hört und liest man immer wieder von Szenarien eines »großen Crashs«. Danach ist die seit 2007/2008 andauernde Banken- und Finanzkrise keinesfalls ausgestanden oder auf dem Weg, überwunden zu werden, sondern sie dauert an und wird schließlich zu einem völligen Zusammenbruch führen. Denn schon Lenin wusste: »Um die bürgerliche Gesellschaft zu zerstören, muss man nur ihr Geldwesen verwüsten.«

Der Fondsmanager Bill Gross, der lange Zeit als »König der Anleihen« galt, sieht angesichts der künstlich nach unten gedrückten Zinsrenditen unser Wirtschaftssystem ebenfalls in Gefahr: »Kapitalismus braucht Hoffnung – vernünftige Hoffnung darauf, dass ein Investor sein Geld mit einer attraktiven Rendite verzinst zurückbekommt.«

Sie fragen sich vielleicht, warum die in diesem Buch geäußerten Gedanken und Anregungen die Möglichkeit eines solchen Crashs nicht berücksichtigen. Die Anregungen dieses Buches gehen zwar davon aus, dass sich durch die Krise und die jetzige Niedrig-Zins-Phase für Sie als Privatanleger einiges geändert hat – mindestens für einige Jahre, möglicherweise dauerhaft: Vieles, das 1980 und vielleicht auch noch 2005 eine gute Geldanlage war, ist dies heute nicht mehr. Das Buch setzt aber voraus, dass trotzdem grundlegende »Spielregeln« unserer Gesellschaft und Wirtschaft auch weiterhin gelten werden. Dass es also auch im Jahr 2030 z. B. noch Staaten, privates Eigentum, Unternehmen, Geld, Aktien und Dividenden geben wird.

Das ist durchaus nicht selbstverständlich. Zwar ist manchem Crashpropheten die pure Lust an Untergangsszenarien anzumerken und andere Untergangsjünger wollen Ihnen als Krisengewinner nur teure (und zugleich nutzlose) Problemlösungen verkaufen. Doch gibt es auch durchaus seriöse Stimmen, die davor warnen, dass die Krise

noch lange nicht vorbei ist. Sie verweisen etwa auf die enorme Ver-
schuldung der Staaten, auf die nicht ausgestandene Krise im Eu-
roraum, auf die schon fast bei Null angekommene Zinsspirale – und
zudem auf schwelende politische Konflikte wie in der Ukraine und in
Syrien.

Warum wir kein Crash-Buch geschrieben haben

Trotzdem finden Sie in diesem Buch keine Tipps der Marke »Wie
wappne ich mich gegen den politischen und finanziellen Super-
GAU?« Das hat – unserer Meinung nach – gute Gründe:

➤   Bei einem völligen Zusammenbruch werden alle bisherigen Re-
    geln außer Kraft gesetzt. Vorab weiß niemand, was passieren wird
    (und wann), welche politischen Gruppen und gesellschaftlichen
    Kräfte danach ihre Macht erhalten und neue erkämpfen, welche
    Gesetze dann (noch) gelten werden. Somit kann Ihnen auch nie-
    mand sagen, welche Art der heute getroffenen finanziellen Vor-
    sorge ggf. helfen wird: Geld (und damit auch Ansprüche aus
    Lebensversicherungen, Renten) kann entwertet werden, Grund-
    besitz kann hoch besteuert oder gleich enteignet werden, sogar
    Gold kann vom Staat eingezogen werden.

➤   Da bei einem Zusammenbruch nicht notwendigerweise alle Teil-
    systeme gleich stark betroffen sein werden, bietet der Rat, das ei-
    gene Kapital auf verschiedene Vermögensanlagen zu streuen,
    auch im Falle eines großen Crashs die besten Chancen, wenigs-
    tens einen Teil dieses Vermögens zu retten.

➤   Angst ist ein schlechter Ratgeber. Wenn Sie sich bei Ihren Anla-
    geentscheidungen von der Angst vor einem Crash leiten lassen,
    ist die Gefahr groß, schlechte Entscheidungen zu treffen. Wenn

viele handeln, als stünde der Zusammenbruch unmittelbar bevor, machen sie die Crash-Prognose vielleicht sogar dadurch zu einer sich selbst erfüllenden Prophezeiung.

Trotzdem:
Ein paar Tipps für vorsichtige Anleger

Für den Fall, dass Sie die Möglichkeit eines Crashs nicht ganz ausblenden wollen, hier ein paar Überlegungen, die allerdings keinen Anspruch auf Vollständigkeit erheben:

1. Bleiben Sie ruhig! Tun Sie nichts, nur weil Sie Angst vor einem Crash haben. Sondern wählen Sie Ihre Anlagen so aus, dass diese auch sinnvoll sind, falls es nicht zum Crash kommt.

2. Angst ist ein schlechter Ratgeber, genau wie Gier. Bevor Sie eine Anlageentscheidung treffen, stellen Sie sicher, dass Sie frei von beiden Emotionen sind. Behalten Sie einen klaren Kopf und lassen Sie sich nicht unter Zeitdruck setzen.

3. Halten Sie einen gewissen Teil Ihres Geldes ständig verfügbar (z. B. auf dem Tagesgeldkonto). Es sollte Ihnen möglich sein, sofort auf das Geld zuzugreifen, wenn Sie es benötigen oder sich eine gute Anlagemöglichkeit ergibt. Halten Sie zudem einen kleineren Teil in bar, falls die Banken plötzlich kein Geld mehr auszahlen können (oder dürfen).

4. Den Rest Ihres Vermögens verteilen Sie auf verschiedene Anlageklassen, z. B. Aktien (verschiedener Branchen und Währungsgebiete), auf eine (selbstgenutzte) Immobilie, auf Anleihen und auf Edelmetalle.

5. Schaffen Sie sich Sachwerte an oder »optimieren« Sie diese, falls Sie diese ohnehin schon haben: Eine Renovierung Ihres Eigenheims bzw. eine Photovoltaikanlage auf Ihrem Dach ist durchaus eine sinnvolle Vorbeugung gegen eine Geldentwertung. Aber fliehen Sie nicht in vermeintliche Geldanlagen wie Kunstgegenstände, Oldtimer oder teuren Wein. Wahrscheinlich verstehen Sie von diesen Gebieten wenig. Weil aktuell zudem viele Anleger in diese Bereiche drängen, sind solche »Geldanlagen« vermutlich schon arg übertreuert und im echten Crash fast unmöglich zu verkaufen.

6. Schon Erich Kästner dichtete: »Leben ist immer lebensgefährlich.« Machen Sie sich mit dem Gedanken vertraut, dass es absolute Sicherheit in keinem Bereich des Lebens gibt. Es gab sie auch in der guten alten Zeit nicht, als Norbert Blüm verkündete: »Denn eins ist sicher: die Rente.« Insofern hilft uns die Krise (und der Gedanke an einen möglichen Crash) vielleicht sogar dabei, eine realistischere Perspektive auf die Welt zu entwickeln.

TEIL II:
GELDANLAGEN IM CHECK

Tagesgeld – ein guter »Parkplatz« für Ihr Geld

Das Tagesgeldkonto ist ein Bankkonto, auf das Geld eingezahlt und jederzeit wieder abgehoben bzw. auf ein Girokonto umgebucht werden kann. In der Zwischenzeit wird dieses Geld verzinst. Die Verzinsung ist abhängig vom Leitzins der Zentralbank und kann von der kontoführenden Bank jederzeit geändert werden.

Das Tagesgeldkonto ist ein Guthabenkonto. Es kann also nicht überzogen werden. Auch dient es in der Regel nicht zur Abwicklung des allgemeinen Zahlungsverkehrs – dafür gibt es das Girokonto. Im Vergleich zum Sparbuch ist das Tagesgeldkonto unkomplizierter, denn das Guthaben kann jederzeit in unbegrenzter Höhe abgehoben werden. Zudem ist es oft besser verzinst.

Im Zuge der Eurokrise ist die Verzinsung allerdings rapide gesunken: Lagen die Tagesgeldzinsen 2008 im Jahresdurchschnitt noch bei 3,5 %, so gingen sie seitdem deutlich zurück. Inzwischen (Stand: Februar 2015) bieten nur noch wenige Institute einen Zinssatz von mehr als 1 %, bei vielen Banken liegt er sogar bei 0,2 % oder darunter. Für den (vorläufigen) Tiefpunkt sorgte 2014 die Skatbank – das ist die Direktbank-Filiale der genossenschaftlichen VR-Bank Altenburger Land. Sie belegte Einlagen von mehr als 500.000 € ab 1. November 2014 sogar mit einem Negativzins von 0,25 %. Auch wenn andere Institute diesem Beispiel zunächst nicht folgten, ist der Damm damit gebrochen. Weitere Banken werden nachziehen.

Vor- und Nachteile von Tagesgeld

Vorzüge des Tagesgeldkontos liegen neben der hohen Liquidität auch bei den Kosten – in der Regel erheben die Banken keine Gebühren. Auch eine hohe Sicherheit ist bei Tagesgeld gegeben. Das gilt selbst in dem Fall, dass die Bank in die Insolvenz geht, bei der Sie Ihr Tagesgeldkonto unterhalten: Dann greift bis zu einer Summe von 100.000 € die EU-weit vorgeschriebene Einlagensicherung.

All diese Vorteile sind allerdings Makulatur, solange die Zinsen für Tagesgeld im Keller sind. Denn mit Zinserträgen, die noch unterhalb der Inflationsrate liegen, verliert Ihr Geld an Kaufkraft. Auf dem Papier werden Ihre Ersparnisse nicht kleiner, aber Jahr für Jahr können Sie für diesen Geldbetrag weniger Waren und Dienstleistungen kaufen.

Das bedeutet nicht, dass ein Tagesgeldkonto nutzlos wäre. Es bietet Ihnen eine unkomplizierte Möglichkeit, über kurze Zeiträume hinweg Geld mit maximaler Liquidität und ausreichender Sicherheit zu »parken«. Nutzen Sie ein Tagesgeldkonto, um dort Beträge zu sammeln, die Sie für die Geldanlage vorgesehen haben. Lassen Sie auch laufend erwirtschaftete Gewinne (z. B. Dividenden, Zinsen) und Verkaufserlöse dort auflaufen. So können Sie in Ruhe nach der für Sie günstigsten Geldanlage suchen. Wenn Sie diese gefunden haben, steht Ihnen der gewünschte Betrag sofort zur Verfügung.

Tagesgeld-Zinsen als Untergrenze für Ihre Rendite

Trotz der unbefriedigenden Rendite setzt das Tagesgeldkonto Maßstäbe: Es erfüllt höchste Ansprüche in den Punkten Sicherheit und Liquidität. Außerdem ist es sehr einfach und in der Regel kostenfrei. Das bedeutet: Wenn andere Anlageformen, die meist weniger sicher, weniger liquide oder komplizierter sind als Tagesgeld, dafür nicht spürbar mehr Rendite versprechen, ist das Tagesgeldkonto automatisch die bessere Lösung.

Sie wollen ein Tagesgeldkonto eröffnen und sind auf der Suche nach den besten Konditionen? Unter den folgenden Links finden Sie im Internet Vergleiche verschiedener Angebote:

➤ www.tagesgeldvergleich.org

➤ www.tagesgeldvergleich.net

➤ www.fmh.de/zinsen-vergleiche/tagesgeld

Übrigens ...

Aufgepasst: Nicht überall, wo »Tagesgeld« draufsteht, wird auch tatsächlich ein Tagesgeldkonto angeboten. Bevor Sie ein Tagesgeldkonto eröffnen, achten Sie darauf, nicht etwa mit Gebühren belastet zu werden. Auch ein Konto, bei dem Sie Ihr Geld nicht jederzeit in beliebiger Höhe abheben können, ist kein Tagesgeldkonto. Einige Banken bieten unter diesem Namen Produkte an, die eigentlich Sparbücher sind und bei denen das Abheben größerer Beträge zu Zinseinbußen führt.

Kurz-Check: Tagesgeld

Sicherheit	👍	Keine Kursschwankungen; bei einer Bankenpleite greift die Einlagensicherung.
Liquidität	👍	Sie können Ihr Geld täglich einzahlen und abheben.
Renditechance	👎	Mini-Verzinsung, die oftmals noch nicht einmal die inflationsbedingte Teuerung ausgleicht.
Einfachheit	👍	Bankkonto, auf das Sie einzahlen und von dem Sie abheben können.
Kosten	👍	In der Regel keine Kontogebühren.
Haltedauer		Beliebig lange möglich; empfohlen kurz- bis mittelfristig, um Geld verfügbar zu halten.

Tabelle 3: Wie Tagesgeld im Kurz-Check abschneidet

FESTGELD – LANGE BINDUNG
BEI NIEDRIGEN ZINSEN

Festgeld ist eine kurz- bis mittelfristige Geldanlage bei einem Kreditinstitut. Ein bestimmter Betrag wird auf einem Festgeldkonto bis zu einem festgelegten Termin angelegt. Daher gehört Festgeld zu den Termineinlagen. Eine vorzeitige Kündigung ist nicht vorgesehen. Will ein Anleger während der Laufzeit an sein Geld, muss er Nachteile in Kauf nehmen. So z. B. den Verlust der Zinserträge und ggf. darüber hinaus noch Stornogebühren.

Viele Banken bieten Festgeldanlagen zwischen zwölf und 60 Monaten an. Es gibt aber auch kürzere oder längere Anlagefristen. Die Verzinsung liegt in der Regel über derjenigen von Tagesgeld. Sie variiert von Institut zu Institut und nimmt in der Regel mit der Laufzeit zu. So lagen laut FMH Finanzberatung in Frankfurt im Februar 2015 die besten Festgeldangebote für einen Anlagebetrag von 5.000 € bei einer Laufzeit von einem Jahr bei 1,4 %, bei dreijähriger Laufzeit gab es bereits Angebote von bis zu 2,2 % (Neukunden-Lockangebote wurden nicht berücksichtigt). Auch bei der Mindestanlage gibt es große Unterschiede zwischen den getesteten Geldinstituten: Kann man bei einigen Banken bereits 500 oder 1.000 € als Festgeld anlegen, so muss man bei anderen mindestens 5.000 € mitbringen, um ein Festgeldkonto zu eröffnen. Wie das Tagesgeld unterliegt auch das Festgeld der gesetzlichen Einlagensicherung. Alle Bankeinlagen sind pro Anleger und Bankinstitut EU-weit bis zur Summe von 100.000 € bei einer drohenden Bankeninsolvenz geschützt.

Ein Manko in Sachen Liquidität

Festgeld ist geeignet, derzeit nicht benötigtes Geld relativ sicher zu »parken« und dafür zumindest etwas mehr Rendite zu erhalten als auf dem Tagesgeldkonto. Ein gewichtiger Nachteil ist jedoch die mangelnde Liquidität. Legen Sie daher immer nur einen überschaubaren Teil Ihres Kapitals auf einem Festgeldkonto an. Wählen Sie kürzere Laufzeiten von einem Jahr bzw. wenigen Jahren.

Eine Möglichkeit, die »durchschnittliche« Liquidität Ihres angelegten Kapitals zu erhöhen, ist die Aufteilung des Geldes auf Festgeld mit unterschiedlichen Laufzeiten. Teilen Sie das Geld, das Sie verzinst anlegen möchten, in drei Teile auf. Legen Sie den ersten als Tagesgeld, den zweiten als Festgeld mit einjähriger und den dritten als Festgeld mit zweijähriger Laufzeit an. Sollten sich bessere Renditemöglichkeiten ergeben, haben Sie immerhin ein Drittel Ihres Geldes sofort zur Verfügung, ein weiteres nach Ablauf des ersten Jahres. Solange die Niedrig-Zins-Phase anhält, können Sie das frei gewordene Geld jeweils wieder für ein bis zwei Jahre festlegen.

Durch eine solche Aufteilung können Sie auf Zinssteigerungen oder bessere Anlagemöglichkeiten noch vergleichsweise flexibel reagieren. Das ist besser, als den gesamten Betrag als Festgeld mit längerer Laufzeit anzulegen. Und trotzdem erreichen Sie dadurch im Durchschnitt eine bessere Rendite als mit einem Tagesgeldkonto. Je nach persönlicher Vorliebe und Einschätzung in Bezug auf die Zinsentwicklung können Sie Ihr Geld natürlich auch auf längere Laufzeiten aufteilen.

Sonderkonditionen – manchmal, aber nicht immer von Vorteil

Wie so oft sollten Sie auch beim Festgeld aufs Kleingedruckte achten. Nicht wenige Angebote räumen Ihnen die Möglichkeit einer Kündigung binnen einer bestimmten Frist ein. Was sich auf den ersten Blick kundenfreundlich anhört, bedeutet aber: Die Anlagedauer verlängert sich automatisch über die ursprüngliche Laufzeit hinaus, wenn Sie nicht innerhalb des vorgegebenen Zeitfensters kündigen. Möglicherweise läuft Ihre Festgeldanlage dann sogar zu einem geringeren Zinssatz weiter als während der fest vereinbarten Laufzeit. Sollten nicht triftige Gründe (z. B. eine deutlich höhere Verzinsung) für ein solches Angebot sprechen, dann wählen Sie besser einen Festgeld-Anbieter, bei dem keine Kündigung die Voraussetzung ist, um nach Ende der Laufzeit wieder über Ihr Geld verfügen zu können.

Bestimmte Sonderkonditionen können sich aber auch für Sie lohnen: So boten Ende 2014 die VTB Direktbank und die NIBC Direct Konditionen an, bei denen ein Fünftel bzw. die Hälfte des angelegten Geldes für den Kontoinhaber verfügbar blieb. Mit einem solchen Angebot können Sie die Liquidität und damit Ihren finanziellen Spielraum während der Anlagedauer erhöhen.

Die verschiedenen Festgeldangebote im Vergleich finden Sie im Internet z. B. unter:

➤ www.tagesgeldvergleich.net/tagesgeldvergleich/festgeld.html

➤ festgeld.fmh.de/rechner/fmh2

Auch die von der Stiftung Warentest herausgegebene Zeitschrift »Finanztest« untersucht und vergleicht immer wieder die aktuellen Festgeld-Konditionen.

Kurz-Check: Festgeld

Sicherheit	👍	Keine Kursschwankungen; bei einer Bankenpleite greift die Einlagensicherung.
Liquidität	👎	Während der Laufzeit ist das Geld nicht bzw. nur unter Verlusten verfügbar.
Renditechance	✊	Die Top-Angebote liegen auch in der Niedrig-Zins-Phase bei 2 % und darüber.
Einfachheit	👍	Das Geld ist für einige Zeit festgelegt und anschließend wieder verfügbar.
Kosten	👍	In der Regel keine Kontogebühren.
Haltedauer		Bei einigen Banken bis zu zehn Jahre möglich; während der Niedrig-Zins-Phase sollte ein Anlagehorizont von maximal drei Jahren gewählt werden.

Tabelle 4: Wie Festgeld im Kurz-Check abschneidet

GELDMARKTFONDS – VIEL AUFWAND FÜR WENIG RENDITE

Geldmarktfonds sind Investmentfonds, die in Geldmarktpapiere bzw. Geldmarktanlagen mit einer kurzen Restlaufzeit investieren. Der Fonds investiert also zum Beispiel in kurzfristige Wertpapiere, Termingelder oder Schuldscheindarlehen – das sind Kredite von Banken an Staaten oder an Unternehmen mit hoher Bonität. Anteile solcher Geldmarktfonds können Sie über die Börse kaufen oder direkt beim Fondsanbieter beziehen. Der Verkauf ist börsentäglich möglich.

Für den Fall einer Insolvenz des Fondsanbieters (also der Investmentgesellschaft, die den Fonds auflegt) ist das Fondsvermögen als Sondervermögen davor geschützt, Teil der Insolvenzmasse zu werden. Die Gläubiger haben somit keinen Zugriff auf das Fondsportfolio. Die darin enthaltenen Wertpapiere bleiben den Anlegern also erhalten.

Sofern Sie sich einen Fonds ausgesucht haben, dessen Manager ausschließlich auf Papiere solider Unternehmen setzen, klingt dieses Konzept relativ sicher: Die Unternehmen zahlen ihre Schulden am Ende der jeweiligen Laufzeit mit Zinsen zurück. Daraufhin investiert der Fondsmanager den frei gewordenen Teil des Fondskapitals sofort in neue Geldmarktpapiere. Da in der Regel alle Schuldner ihre Kreditschulden zurückzahlen, sind echte Verluste nicht zu erwarten. Leichte Kursschwankungen sind zwar möglich – zum Beispiel, wenn sich durch eine Änderung des Leitzinses die Zinssätze am Markt ändern. Dann liegen eine Zeitlang die Zinssätze der Papiere, in die der Fonds investiert ist, über oder unter dem aktuellen Marktzins. Das kann den Kurs des Geldmarktfonds heben bzw. senken. Dieser Effekt wächst sich allerdings heraus, wenn die Zinssätze eine Zeitlang konstant bleiben. Automatisch investiert der Fonds nach und nach in Pa-

piere von Krediten, die auf Basis des neuen Leitzinses abgeschlossen
wurden. Soweit die Theorie.

Das Ende der Sicherheit

Normalerweise sollten bei Geldmarktfonds leichte Kursschwankungen zwar möglich sein – und somit auch kleinere Verluste, falls Sie im
falschen Moment verkaufen müssen. Größere Verluste sind aber nur
denkbar, wenn gleich mehrere der Unternehmen ihre Kredite nicht
zurückzahlen können. Vor 2007/2008 erschien das wenig wahrscheinlich. Nach dem Ausbruch der Finanzkrise zeigte sich jedoch,
dass Investoren die Gefahren unterschätzt hatten. Die Kurse der bis
zu diesem Zeitpunkt als sehr wertstabil angesehenen Geldmarktfonds
fielen zum Teil drastisch. Die Anteile einzelner Fonds waren außerdem phasenweise faktisch nicht handelbar.

Kaum Rendite

In Zeiten niedriger Zinsen sind außerdem auch die Renditechancen
von Geldmarktfonds gering. Denn die Gewinnspanne ist durch den
Zinssatz begrenzt, zu dem Unternehmen von hoher Bonität am Geld-
markt Kredite erhalten. Dieser Zinssatz liegt in der Regel nur gering-
fügig über dem Leitzins. Zudem sichert sich die Fondsgesellschaft
durch Verwaltungskosten und einen Ausgabeaufschlag (Agio) noch
einen Teil des ohnehin sehr spärlichen Gewinns. Die Rentabilität von
Geldmarktfonds lag daher in den vergangenen Jahren noch unterhalb
der von Tagesgeldkonten.

Um ihre Renditechancen zu verbessern, beschränken sich einige
Fondsmanager nicht auf reine Geldmarkttitel, sondern investieren

zum Beispiel auch in Firmenbonds oder forderungsbesicherte Wertpapiere (engl. asset-backed securities, ABS). Die höheren Renditechancen werden hierbei allerdings mit einem Verlust an Sicherheit erkauft. Einige Fonds, die auf ABS gesetzt hatten, verzeichneten nach der Insolvenz der US-amerikanischen Investmentbank Lehmann Brothers 2008 hohe Verluste. Das war eine böse Überraschung für die Anleger, die auf diese vermeintlich sichere Geldanlage vertraut hatten.

Fazit: Derzeit nicht empfehlenswert

Geldmarktfonds sind nicht rentabler als Tagesgeldkonten. Sie sind daher – zumindest in einer Niedrig-Zins-Phase – keine im Ertragssinne empfehlenswerte Geldanlage. Allerdings stellen sie wegen ihrer hohen Liquidität eine Möglichkeit dar, Geld zu »parken«. Da Geldmarktfonds jedoch (zumindest leichten) Kursschwankungen unterworfen und mit dem Risiko von Zinsänderungen und Kreditausfällen behaftet sind, ist zu diesem Zweck das Tagesgeldkonto die weitaus bessere Alternative. Wir empfehlen in der augenblicklichen Situation keine Investition in Geldmarktfonds.

Wenn Sie dennoch Anteile von Geldmarktfonds erwerben wollen, achten Sie bei der Auswahl darauf, einen sicher zusammengesetzten Fonds auszuwählen. Ein Produkt, das in der Vergangenheit schon einmal ein Minus eingefahren hat, oder eines, dessen Rendite deutlich über der anderer Geldmarktfonds lag, hat möglicherweise Wertpapiere beigemischt, die empfindliche Verluste verursachen können. Achten Sie auch darauf, einen Fonds mit möglichst geringen Gebühren auszuwählen.

Kurz-Check: Geldmarktfonds

Sicherheit	☞	Schwankungen möglich, in »normalen« Börsenzeiten aber eher gering (sofern der Fonds nur auf solide Papiere setzt).
Liquidität	👍	Geldmarktfonds können börsentäglich gehandelt werden.
Renditechance	👎	Kaum Rendite, die Zinsen liegen oft noch unter denen von Tagesgeld.
Einfachheit	☞	Nicht so einfach wie ein Bankkonto, doch ist ein Fonds, der auf Geldmarkt-papiere setzt, dennoch vergleichsweise transparent.
Kosten	👎	Laufende Gebühren, die die Mini-Rendite weiter mindern.
Haltedauer		Unbegrenzt; empfohlen kurz- bis mittelfristig.

Tabelle 5: Wie Geldmarktfonds im Kurz-Check abschneiden

SICHER, ABER RENDITESCHWACH: PFANDBRIEFE

Der Pfandbrief (englisch: Covered Bond) ist ein festverzinsliches Wertpapier, das in besonderem Maße gegen Zahlungsausfall gesichert ist. Die Emission von Pfandbriefen ist gesetzlich geregelt – in Deutschland durch das Pfandbriefgesetz. Die Ausgabe von Pfandbriefen ist zudem an Bedingungen geknüpft. Außer dem emittierenden Kreditinstitut dient als Sicherheit eine Grundstückshypothek (Hypothekenpfandbriefe), eine Forderung gegen staatliche Stellen (öffentliche Pfandbriefe) oder eine Schiffs- bzw. Flugzeughypothek (Schiffs- bzw. Flugzeugpfandbriefe).

Besondere Bedingungen muss der 1995 eingeführte Jumbo-Pfandbrief erfüllen. Unter anderem ein Mindestvolumen von 1 Milliarde € soll die Liquidität eines solchen Wertpapiers garantieren. Dies macht Jumbo-Pfandbriefe gerade auch für Kleinanleger interessant. Sie dürfen darauf vertrauen, jederzeit zu marktgerechten Kursen verkaufen zu können.

Pfandbriefe sind solide seit Friedrich dem Großen

Pfandbriefe gehen auf den preußischen König Friedrich den Großen (1712–1786) zurück. Er führte sie 1769 ein, um nach den Schlesischen Kriegen die Versorgung der preußischen Grundbesitzer mit Krediten für den Wiederaufbau zu gewährleisten. In der über 200-jährigen Geschichte dieses Wertpapiers ist noch kein einziger Pfandbrief ausgefallen. Das zeigt die hohe Solidität dieser Wertpapiergattung, auch wenn es keine 100-%-ige Garantie für die Zukunft bietet. In der Finanzkrise haben wir erlebt, dass auch scheinbar in Stein gemeißelte Sicherheiten plötzlich nicht länger existierten.

Wegen der Sicherheiten, die bei diesen Papieren unterlegt sind, gelten Pfandbriefe als ebenso solide wie Staatsanleihen. Sie sind aber etwas besser verzinst. Angesichts der augenblicklich sehr niedrigen Verzinsung von Staatsanleihen (10-jährige Bundesanleihen brachten Anfang 2015 gerade einmal 0,35 %) ist jedoch auch ein Plus von ein paar Zehntel-Prozentpunkten noch nicht wirklich attraktiv.

Steigen die Zinsen, fällt der Kurs

Ein Nachteil von Pfandbriefen ist die lange Laufzeit, die in früheren Zeiten oft 30 bis 50 Jahre betrug. Heute sind zwar kürzere Laufzeiten zwischen 15 und 25 Jahren üblich, auch Pfandbriefe mit zehnjähriger Laufzeit gibt es bereits. Dennoch ist Ihr Kapital relativ lange gebunden, denn ein Rückverkauf des Pfandbriefs an den Emittenten ist während der Laufzeit nicht vorgesehen. Ein Weiterverkauf über die Börse ist zwar möglich. Aber dann können Sie durch das Zinsänderungs-Risiko auch Verluste einfahren: Steigen nach der Ausgabe des Pfandbriefs die am Markt erzielbaren Zinsen, wird dessen Kurs unter den Nennwert fallen. Sinken die Marktzinsen dagegen, wird der Kurs des Pfandbriefs über dem Nennwert notieren. Dieser Effekt ist umso stärker, je weiter die Verzinsung des Pfandbriefes vom augenblicklichen Marktzins abweicht und je länger die Restlaufzeit ist.

Wenn Sie also jetzt in der Niedrig-Zins-Phase einen Pfandbrief erwerben, der in Zeiten höherer Zinsen aufgelegt wurde, müssen Sie aller Voraussicht nach einen Preis oberhalb des Nennwertes bezahlen. Steigen die Marktzinsen während der restlichen Laufzeit wieder – zum Beispiel weil die EZB ihre Niedrigzinspolitik beendet –, dann sinkt der Kurs Ihrer Geldanlage.

Deutsche Pfandbriefe waren für viele private Anleger lange Zeit auch aufgrund ihrer Stückelung kein Thema. Oft lag die Mindestsumme, die in einen Pfandbrief investiert werden musste, bei 50.000 € oder mehr. Die gleichermaßen sicheren Schweizer Pfandbriefe erfreuen sich dagegen mit einer Stückelung von 5.000 Franken bei Privatanlegern größerer Beliebtheit und weisen auch eine höhere Liquidität auf. Inzwischen steht auch deutschen Anlegern eine größere Auswahl zur Verfügung: An der Stuttgarter Börse werden knapp 300 Pfandbriefe mit einer Stückelung von 1.000 € angeboten.

Pfandbrief-Fonds: Die Rendite bleibt niedrig

Für Kleinanleger, die sich die Sicherheit von Pfandbriefen ins Depot holen wollen, bietet sich auch eine Investition in Pfandbrief-Fonds an. Der Nachteil liegt allerdings auf der Hand: Ein Fonds, der auf zwar sichere, aber nur niedrig verzinste Wertpapiere setzt, erwirtschaftet ebenfalls kaum Gewinne. Diese werden überdies noch durch Fondsgebühren geschmälert. Eine Erhöhung der Rendite ist – wie so oft – nur möglich, indem die Fondsmanager etwas besser verzinste (und weniger sichere) Papiere beimischen. In den vergangenen Jahren setzten Fonds zum Teil auf spanische Pfandbriefe, weil diese ebenfalls über starke Absicherungen verfügen, wegen der Finanzkrise aber im Preis gefallen und somit günstig bewertet waren.

Hier für Sie einige weiterführenden Internet-Links zum Thema Pfandbrief:

➤ Verband Deutscher Pfandbriefbanken: www.pfandbrief.de

➤ Pfandbrief & Covered Bond Forum Austria:
www.pfandbriefforum.at

➤ Pfandbriefbank schweizerischer Hypothekarinstitute AG:
www.pfandbriefbank.ch

➤ Pfandbriefzentrale der schweizerischen Kantonalbanken AG:
www.pfandbriefzentrale.ch

Kurz-Check: Pfandbriefe

Sicherheit	👍	Sehr stark gesichert; Kursschwankungen möglich, sie fallen aber nur bei vorzeitigem Verkauf ins Gewicht.
Liquidität	✋	Viele Pfandbriefe werden an der Börse gehandelt; bei einigen besteht aber nur eine eingeschränkte Liquidität.
Renditechance	👎	Während der Niedrig-Zins-Phase gering; sollten die Zinsen wieder steigen, drohen größere Kursverluste bei Verkauf vor Laufzeitende.
Einfachheit	👍	Festverzinsliche, gut verständliche Wertpapiere.
Kosten	👍	Niedrige Transaktionskosten, keine produktbezogenen Gebühren.
Haltedauer		Lange Laufzeiten von zehn oder mehr Jahren; Sie sollten darauf eingerichtet sein, den Pfandbrief bis Laufzeitende zu halten.

Tabelle 6: Wie Pfandbriefe im Kurz-Check abschneiden

Staatsanleihen – hohe Sicherheit nur bei extrem niedrigen Zinsen möglich

Staatsanleihen sind verzinsliche Wertpapiere, bei denen der Staat (oder eine staatliche Körperschaft) als Schuldner auftritt. Als Anleger leihen Sie durch einen Anleihenkauf dem Staat Geld, und er zahlt Ihnen dafür Zinsen. Diese Zinsen werden entweder jährlich oder am Ende der Laufzeit an Sie ausgezahlt. Staatsanleihen gelten als sehr sicher, das Ausfallrisiko wird als gering eingeschätzt. Allerdings hat die Finanzkrise einen Staatsbankrott selbst bei wirtschaftlich starker Staaten wie Deutschland denkbar werden lassen.

Verschiedenen Arten von Staatsanleihen

Es gibt verschiedene Arten von Staatsanleihen, die sich u. a. nach ihrer Laufzeit unterscheiden. Die Renditemöglichkeiten hängen auch von der Bonität des ausgebenden Landes ab. Staaten mit sehr hoher Bonitätseinstufung durch die Rating-Agenturen bieten in der aktuellen Niedrig-Zins-Phase nur geringe Zinsen (oft unter 1 % pro Jahr). Wer mehr Zinsen bekommen will, muss dafür auf riskantere Staatsanleihen ausweichen.

Bundesanleihen sind langfristige Wertpapiere mit einem festen, jährlich ausgezahlten Zins. Die Laufzeiten deutscher Bundesanleihen liegen zwischen zehn und 30 Jahren. Der Bund bietet auch kürzere Laufzeiten an, dann haben diese Wertpapiere aber andere Namen. Österreich hat 2012 sogar erstmals Bundesanleihen mit 50-jähriger Laufzeit emittiert. Eine kürzere Laufzeit haben (deutsche) Bundesobligationen (fünf Jahre) und Bundesschatzanweisungen (zwei Jahre). Bis Ende 2012 wurden u. a. auch Bundesschatzbriefe mit einer Laufzeit von sechs (mit jährlich ausgezahltem Zins) bzw. sieben Jahren (mit Zinszahlung am Ende der Laufzeit) ausgegeben. Das ist inzwischen allerdings Geschichte. Doch nach wie vor gilt: Durch ihre kleine Stückelung sind die noch erhältlichen Staatsanleihen auch für Privatanleger erschwinglich.

Deutsche Staatsanleihen werden von der Bundesrepublik Deutschland – Finanzagentur GmbH (Frankfurt/Main) ausgegeben. Bis zum 21. August 2012 begebene Anleihen können dort kostenlos verwahrt werden; neuere nur bei Banken oder Sparkassen.

Geduld ist unbedingt erforderlich

Die hohe Sicherheit von Staatsanleihen hoher Bonität gilt jedoch nur für Anleger, die diese Papiere bis zum Ende der Laufzeit halten. Wer vorher verkaufen will oder muss, kann wegen des Risikos von Zinsänderungen sehr wohl Kursverluste erleiden – oder Kursgewinne einstreichen. So notieren ältere Staatsanleihen, die wegen ihres höheren Zinskupons für die Restlaufzeit einen höheren Zinsertrag bieten als die aktuell ausgegebenen, heute deutlich über ihrem Nennwert. Die Kurse werden – unabhängig vom Nominalwert einer Anlage – in Prozent angegeben. Ein Kurs von 102,5 % (bzw. 97,5 %) bedeutet, dass eine Anleihe 2,5 % über (bzw. 2,5 % unter) ihrem Nominalwert notiert.

Wenn Sie bereits im Besitz älterer, gut verzinster Staatsanleihen sind, haben Sie gleich zwei Möglichkeiten, diese in schöne Gewinne umzumünzen: Entweder Sie warten ab und lassen sich bis zum Laufzeitende die hohen Zinsen aus- und am Schluss den Nennwert zurückzahlen. Oder Sie verkaufen die Wertpapiere vor dem Ende ihrer Laufzeit zu einem Preis, der deutlich über dem Nominalwert liegt.

Während der momentanen Niedrig-Zins-Phase neu in Staatsanleihen zu investieren, verspricht dagegen keine nennenswerte Rendite. Beispielsweise lag die jährliche Verzinsung 10-jähriger Bundesanleihen Anfang 2015 bei gerade einmal 0,35 %. Bedenken Sie: Falls in einigen Jahren die Zinsen am Markt wieder steigen, stehen Sie mit einer solchen Anleihe vor der unangenehmen Wahl, entweder bis zum Laufzeitende fast zinslos festgelegt zu sein oder die Anleihe mit einem Abschlag gegenüber dem Kaufpreis an der Börse zu verkaufen. Nur scheinbar besser fahren Sie damit, jetzt ein älteres Papier mit höherem Zinssatz zu kaufen. Die zukünftig zu erwartenden Zinszahlungen treiben dessen Kurswert nach oben. Die Mehrrendite durch höhere Zinserträge wird also durch den heutigen Kurs von über 100 % geschmälert. Denn unabhängig von dem Preis, den Sie heute für die Anleihe zahlen: Am Ende der Laufzeit erhalten Sie immer nur den Nennwert ausgezahlt – und der liegt bei 100 %.

Dass sich das Zinsrisiko zu Ihren Gunsten auswirkt, wenn Sie jetzt in Staatsanleihen investieren, ist hingegen unwahrscheinlich. Zwar hat es während der Euro-Krise bereits Staatsanleihen mit Negativzins gegeben: Im Juli 2012 gab es erstmals deutsche Schatzanweisungen mit zweijähriger Laufzeit zu -0,06 %. Aber der Spielraum für weitere spürbare Zinssenkungen (und damit für Kurssteigerungen bei Staatsanleihen) ist im Euro-Raum begrenzt, während es umgekehrt für steigende Zinssätze viel »Luft nach oben« gibt.

Wie so oft können Sie auch bei Staatsanleihen eine höhere Rendite erzielen, wenn Sie Abstriche in Bezug auf die Sicherheit in Kauf nehmen. Als im Zuge der Finanzkrise die Bonität einiger südeuropäischer Länder sank, fielen auch die Kurse ihrer Staatsanleihen. Insbesondere die als vergleichsweise sicher erachteten spanischen Anleihen boten dadurch eine Möglichkeit, bei noch überschaubarem Risiko eine ordentliche Rendite zu erzielen. Doch die Kurse erholten sich, wodurch die Rendite spanischer Staatsanleihen im Frühjahr 2014 erstmals seit zehn Jahren wieder unter 3 % fiel.

Eine Variante: Staatsanleihen mit eingebautem Inflationsschutz

Wenn Sie sich gegen Verluste durch Inflation absichern wollen, können Sie auf inflationsindexierte Anleihen (Inflation-Linked Bonds) setzen. Während der festgelegten Laufzeit werden Kapital (manchmal) und Zinsen (immer) um die inflationsbedingte Wertminderung erhöht. Deutschland emittiert inflationsindizierte Bundesanleihen und Bundesobligationen. Allerdings müssen Sie vor einer Investition genau hinschauen. Denn unter Umständen kann Deflation umgekehrt zu einer Verminderung des Nominalwertes bei Fälligkeit führen. Erkundigen Sie sich also vorab, ob dies bei der von Ihnen favorisierten Anleihe ausgeschlossen ist. Teilweise werden außerdem nur die Zinsen an die Inflationsrate gekoppelt, nicht der Nennwert. Es ist also nur ein kleiner – in der Niedrig-Zins-Phase sehr kleiner! – Teil Ihres Geldes gegen Wertminderung abgesichert. Ein weiteres Problem solcher Papiere: Nur die offizielle Inflationsrate wird als Basis genommen. Diese aber wird – das ist unsere Einschätzung – aus politischen Interessen immer stärker manipuliert und liegt somit unter der tatsächlichen Teuerungsrate.

Beachten Sie mögliche Währungsrisiken

Bei Staatsanleihen außerhalb der Eurozone, die nicht in Euro notieren, kommt zum Zinsänderungsrisiko noch das Währungsrisiko. Denn Sie wissen heute nicht, wie viele Euro Sie in einigen Jahren für eine ausgezahlte Summe in Dollar, Pfund, Schweizer Franken etc. bekommen werden. Dieses Wechselkursrisiko müssen Sie in Ihr Kalkül einbeziehen. Im Sinne einer Risikostreuung kann es aber durchaus erwünscht sein, einen kleinen Teil des eigenen Vermögens in Fremdwährungen anzulegen.

Internet-Link zu deutschen und schweizerischen Staatsanleihen:

➤ Bundesrepublik Deutschland – Finanzagentur GmbH:
www.deutsche-finanzagentur.de

➤ Schweizer Bundesanleihen: www.snb.ch/de/ifor/finmkt/
chmarket/id/finmkt_chmarket_fedbonds

Kurz-Check: Staatsanleihen

Sicherheit	👍	Sehr sicher (bei Staaten mit hoher Bonität); Kursschwankungen möglich, sie fallen aber nur bei vorzeitigem Verkauf ins Gewicht.
Liquidität	👍	Börsentäglich handelbar.
Renditechance	👎	Während der Niedrig-Zins-Phase gering (bei Staaten mit größerem Ausfallrisiko hoch); sollten die Zinsen wieder steigen, drohen bei Verkauf vor Laufzeitende größere Kursverluste.
Einfachheit	👍	Festverzinsliche, leicht verständliche Wertpapiere.
Kosten	👍	Niedrige Transaktionskosten, keine produktbezogenen Gebühren.
Haltedauer		Lange Laufzeiten; Sie sollten darauf eingerichtet sein, die Anleihe bis Laufzeitende zu halten.

Tabelle 7: Wie Staatsanleihen im Kurz-Check abschneiden

Unternehmensanleihen –
Gründliche Auswahl ist das A und O

Unternehmen können – ähnlich wie Staaten – ihren Kapitalbedarf am Kapitalmarkt decken, indem sie Anleihen emittieren. Unternehmensanleihen (Corporate Bonds) funktionieren analog zu Staatsanleihen: Während der Laufzeit zahlt das Unternehmen dem Anleiheninhaber Zinsen auf das eingesetzte Kapital. Am Ende wird der Nennwert der Anleihe zurückgezahlt.

In der Regel sind Unternehmensanleihen etwas besser verzinst als Staatsanleihen. Denn selbst absolute Top-Unternehmen werden als nicht ganz so sicher eingestuft wie die solidesten Staaten und müssen daher den Anlegern mehr Zinsen bieten als diese. Allerdings gibt es aktuell (Stand: Februar 2015) unter den Anleihen der mit dem höchsten Rating »Triple A« bewerteten Unternehmen nur wenige mit einer Rendite von über 1 %.

Die Wahl des Unternehmens: Höhere Renditechance für mehr Risiko

Anleihen von weniger sicheren Unternehmen können eine deutlich höhere Verzinsung aufweisen. Diese ist allerdings durch ein entsprechend höheres Risiko erkauft. Denn anders als Pfandbriefe sind Unternehmensanleihen in der Regel nicht mit zusätzlichen Sicherheiten unterlegt. Das bedeutet: Nur das emittierende Unternehmen haftet für die Zahlung der Zinsen und (vor allem) für die Rückzahlung des Nennwerts am Ende der Laufzeit. Im Falle einer Insolvenz müssen Sie sich als Anleger unter die Gläubiger des Unternehmens einreihen. Die angelegte Summe kann ganz oder zu einem beträchtlichen Teil verloren sein. Wenn Sie nicht zocken wollen, setzen Sie auf Unternehmen, bei denen Sie eine Insolvenz und den damit verbundenen Zahlungsausfall für sehr unwahrscheinlich halten. Die Bewertungen durch Rating-Agenturen bieten eine wertvolle Orientierung, doch sollten Sie dem Rating nicht unbesehen vertrauen. Eine kleine Checkliste, worauf Sie bei der Auswahl achten sollten, finden Sie im folgenden Kasten.

Kriterien für die Auswahl von Unternehmensanleihen

➤ Das Unternehmen hat ein Rating von mindestens BBB-.

➤ Das Unternehmen ist erfolgreich und wird voraussichtlich auch weiterhin Gewinn machen.

➤ Die Branche, in der das Unternehmen tätig ist, ist krisensicher und nicht zu konjunkturabhängig (z. B. Nahrungsmittel, Telekommunikation). Das Unternehmen ist zudem international tätig, so dass es regionale Konjunkturflauten kompensieren kann.

➤ Beachten Sie das »Kleingedruckte«: Investieren Sie nicht in Anleihen mit für Sie nachteiligen Sonderkonditionen. Darunter fällt etwa die Möglichkeit zur nachträglichen Änderung des Zinskupons oder ein vorzeitiges Kündigungsrecht durch den Emittenten.

➤ Wählen Sie nach Möglichkeit Anleihen, deren Laufzeit genau dann endet, wenn Sie das Geld brauchen. Dann können Sie die Rückzahlung abwarten und zwischenzeitliche Kursänderungen ignorieren.

Wie auch bei Staatsanleihen und anderen festverzinslichen Wertpapieren ist zwar die Rückzahlung der Anlagesumme am Ende der
Laufzeit festgelegt, bei einem Verkauf während der Laufzeit kann der
Kurs jedoch ober- oder unterhalb des Nennwerts liegen. Neben Ver-
änderungen des Marktzinses kann auch ein verändertes Rating des
emittierenden Unternehmens den Kurs beeinflussen. Sinkt das Rating, bedeutet dies, dass das Ausfallrisiko in den Augen der Rating-
Agenturen gestiegen ist. Dieses höhere Risiko lassen sich Anleger mit
einer größeren Rendite vergüten – bei Neuemissionen durch einen
höheren Zinssatz, beim Kauf bereits laufender Anleihen mit einem
Kursabschlag. Der Kursabschlag bei einer Herabsetzung der Rating-
Note oder einer Erhöhung des Marktzinses fällt umso größer aus, je
stärker die Veränderung und je länger die Restlaufzeit der Anleihe ist.

Sonderfall Mittelstandsanleihen: Der Name hält nicht, was er verspricht

Deutlich höhere Renditen versprechen Mittelstandsanleihen (auch
Mini-Bonds genannt). Der Zinskupon liegt hier oft mehr als fünf Pro-
zentpunkte höher als bei Anleihen der großen Unternehmen. Dem
standen allerdings in jüngerer Vergangenheit dramatisch höhere Aus-
fallraten gegenüber. Viele der mittelständischen Unternehmen waren
nicht in der Lage, die für die hohen Zinszahlungen nötigen Gewinne
zu erwirtschaften. In Deutschland fielen rund 30 Mittelstandsanleihen aus. Für die nähere Zukunft werden weitere Ausfälle erwartet.
Das verwundert nicht, denn sehr oft haben nicht solide Unternehmen
aus dem deutschen Mittelstand dieses Instrument zur Geldbe-
schaffung genutzt, sondern angeschlagene Unternehmen, die nur
noch Geld einsammeln konnten, indem sie durch die Ausgabe von
Mittelstandsanleihen an den Börsen Investoren suchten. Der Name
»Mittelstandsanleihe« verspricht daher eine Qualitätsstufe, die diese
Wertpapierkategorie meist nicht halten kann.

Mittelstandsanleihen sind somit deutlich riskanter als die Anleihen solider, großer Unternehmen. Zudem ist es für Sie als Anleger mit viel Aufwand verbunden, sich über aktuelle Geschäftsentwicklungen eines Mittelständlers zu informieren und eine eventuelle finanzielle Schieflage rechtzeitig zu erkennen. Bei einem DAX-Konzern ist das dagegen leicht. Eine Investition in Mini-Bonds ist somit allenfalls Börsenprofis zu empfehlen. Die Stuttgarter Börse, die 2010 als erste eine Handelsplattform für Mini-Bonds geschaffen hatte, sah das offenbar ähnlich: Ende 2014 verkündete sie, keine neuen Mittelstandsanleihen mehr zu listen.

Fazit Unternehmensanleihen: Genaue Auswahl wichtig

Anleihen von Unternehmen mit hoher Bonität sind oft kaum besser verzinst als Staatsanleihen. Anleger, die eine bessere Rendite erzielen wollen, müssen dafür in der Regel ein höheres Ausfallrisiko akzeptieren. Beides zu bekommen, eine gute Rendite mit einer (relativ) sicheren Anleihe, ist zwar möglich, erfordert aber ein genaues Hinschauen. Beispiel: Ein Unternehmen ist solide aufgestellt und erwirtschaftet regelmäßig Gewinne. Es wurde aber – beispielsweise aufgrund einer Branchenkrise – von den Rating-Agenturen mit einer (zu) schlechten Bewertung »abgestraft«. In einem solchen Fall könnten die Anleihen des betreffenden Unternehmens an der Börse unterbewertet sein und somit gute Renditechancen bieten. »Finger weg!«, heißt es dagegen bei Mittelstandsanleihen. Das Ausfallrisiko ist einfach zu hoch.

Alternative: Rentenfonds, die auf Unternehmensanleihen setzen

Eine Möglichkeit, das Risiko eines Zahlungsausfalls durch Insolvenz zu streuen, bieten Rentenfonds. Doch um eine Rendite zu erzielen, die spürbar über derjenigen »sicherer« Anleihen liegt, müssen Fondsmanager Papiere mit zumindest moderatem Risiko beimischen. Achten Sie bei der Auswahl eines Rentenfonds darauf, ob er über Jahre hinweg gute Gewinne erzielt hat. Eine einmalige Top-Rendite dagegen deutet – genau wie starke Kursschwankungen – eher auf eine riskante Anlagestrategie hin, die zufällig über zwölf Monate hinweg aufgegangen ist, aber auf lange Frist womöglich Verluste einbringt.

Kurz-Check: Unternehmensanleihen

Sicherheit		Sicher, wenn nicht das Unternehmen insolvent wird; Kursschwankungen durch Zinsrisiko und verändertes Rating möglich, können aber durch Halten bis Laufzeitende »ausgesessen« werden.
Liquidität		Börsentäglich handelbar.
Renditechance		Besser als bei Staatsanleihen.
Einfachheit		Nicht ganz leicht ist die Auswahl einer Anleihe, die Sicherheit und Rentabilität verbindet.
Kosten		Niedrige Transaktionskosten, keine produktbezogenen Gebühren.
Haltedauer		Kurze bis mittlere Haltedauer empfohlen.

Tabelle 8: Wie Unternehmensanleihen im Kurz-Check abschneiden

Nachranganleihen: Zinsaufschlag für Schlechterstellung bei Insolvenz

Nachranganleihen (oder nachrangige Anleihen) sind besondere Unternehmensanleihen. Deren Inhaber werden im Falle einer Insolvenz nachrangig bedient. Das bedeutet, dass zunächst die übrigen Gläubiger des jeweiligen Unternehmens – Banken, Lieferanten, Inhaber »normaler« Anleihen – aus dem noch vorhandenen Vermögen, der so genannten Insolvenzmasse, ausbezahlt werden. Erst wenn deren Forderungen restlos erfüllt sind, werden die Ansprüche aus den Nachranganleihen bedient. Da die Mittel aus der Insolvenzmasse oft nicht für alle reichen, ist das Risiko empfindlicher Verluste bis hin zum Totalverlust bei Nachranganleihen deutlich größer als bei sonstigen Unternehmensanleihen. Ausgeglichen wird dieser Nachteil durch eine deutlich bessere Verzinsung nachrangiger Anleihen gegenüber normalen Unternehmensanleihen.

Aufgrund ihrer Stellung zwischen Eigen- und Fremdkapital werden Nachranganleihen auch als »Hybridanleihen« bezeichnet. Diese Zwischenstellung zeigt sich nicht nur in der Rangfolge im Insolvenzfall. Zudem kann in den Emissionsbedingungen festgelegt sein: Sollte das Unternehmen in eine finanzielle Schieflage geraten, können Zinssätze reduziert werden oder Zinszahlungen verspätet erfolgen. Wer die Renditechancen von Nachranganleihen nutzen will, sollte also nicht nur das betreffende Unternehmen sehr genau unter die Lupe nehmen, sondern auch die rechtliche Ausgestaltung der jeweiligen Anleihe.

Vorzeitige Kündigung durch Emittenten möglich

Ein weiterer Unterschied zwischen Nachranganleihen und herkömmlichen Unternehmensanleihen: Eine vorzeitige Kündigung ist seitens des Unternehmens möglich und auch üblich. Kontrollieren Sie darum vor dem Kauf immer, wann der erste Kündigungstermin ist. Gehen Sie in Ihrer Renditeplanung davon aus, dass das Unternehmen diesen Kündigungstermin auch wahrnehmen wird, um sich der vergleichsweise hohen Zinsverpflichtungen zu entledigen.

Verlassen können Sie sich allerdings nicht auf diesen Termin. Denn das Unternehmen ist selbstverständlich nicht gezwungen, das Darlehen vorzeitig zu kündigen. Sollte allerdings die Kündigung ausbleiben, kann das auf einen Liquiditätsengpass hindeuten. Wenn daraufhin (oder aufgrund anderer Entwicklungen) Zweifel an der wirtschaftlichen Gesundheit des Unternehmens aufkommen, zeigt sich ein weiterer Nachteil: Nachranganleihen von Unternehmen in Turbulenzen sind oft nicht zu verkaufen – und wenn doch, dann nur unter großen Kursverlusten.

Alles in allem bieten Nachranganleihen zwar gute Renditemöglichkeiten. Sie sind aber aufgrund ihres Verlustrisikos nichts für schwache Nerven – und eher für erfahrene Anleger als für Börsen-Einsteiger geeignet.

Kurz-Check: Nachranganleihen

Sicherheit		Hohes Verlustrisiko im Falle einer Insolvenz; es kann aber durch gründliche Auswahl des Unternehmens und Wahl einer überschaubaren (Rest-) Laufzeit begrenzt werden.
Liquidität		Börsentäglich handelbar; bei schlechten Nachrichten bzgl. der Bonität des Unternehmens kann jedoch der Handel (zum akzeptablen Kurs) quasi zusammenbrechen.
Renditechance		Gute Verzinsung; durch den Kauf unterbewerteter (oder sehr riskanter) Anleihen ist eine noch größere Rendite möglich.
Einfachheit		Großer Aufwand bei Auswahl des Unternehmens und Studium der rechtlichen Ausgestaltung; Beobachtung des Unternehmens während der gesamten Haltedauer nötig.
Kosten		Niedrige Transaktionskosten, keine produktbezogenen Gebühren.
Haltedauer		Kurze bis mittlere Haltedauer empfohlen.

Tabelle 9: Wie Nachranganleihen im Kurz-Check abschneiden

GENUSSSCHEINE:
ZWITTER ZWISCHEN AKTIEN UND ANLEIHEN

Wenn Ihnen Aktien zu spekulativ und Anleihen zu langweilig bzw. unrentabel sind, dann sollten Sie sich näher mit Genussscheinen befassen. Diese – übrigens typisch deutsche – Wertpapiergattung ist eine Art Zwitter zwischen Aktie und Anleihe. Das heißt: Sie weist sowohl Merkmale von Anleihen als auch Merkmale von Aktien auf (das trifft auch auf Wandelanleihen zu, die wir Ihnen im nächsten Kapitel noch vorstellen werden).

Die Emittenten von Genussscheinen sind meist Banken, manchmal aber auch Unternehmen aus anderen Branchen. Im Bankenrecht wird das Genussschein-Kapital als Eigenkapital eingestuft. Die Bank darf dann mehr Kredite vergeben. Das ist auch der Grund, warum die Kreditinstitute besonders gerne Genussscheine emittieren.

Andere Emittenten sind seltener zu finden. Seit vielen Jahren gehören etwa der Medienriese Bertelsmann und der Medizin- und Sicherheitsspezialist Drägerwerke zu den Genussschein-Emittenten.

Worin ähneln Genussscheine Anleihen?

Wer als Anleger einen Genussschein kauft, kommt sich häufig vor, als würde er eine Anleihe erwerben: Für das investierte Geld gibt es ein Zinsversprechen, meist in Form eines festen Prozentsatzes vom Nominalwert. Der Zins kann aber auch variabel sein.

Der Besitz eines Genussscheins berechtigt nicht zur Teilnahme an der Hauptversammlung. Schon gar nicht ist damit ein Mitspracherecht verbunden, wie etwa Aktionäre es haben.

Worin ähneln Genussscheine Aktien?

Genussscheine werden fast wie Eigenkapital behandelt. Konkret bedeutet das: Genussscheine werden im Insolvenzfall nachrangig behandelt. Wie Aktionäre müssen auch Genussschein-Inhaber also damit leben, bei einer Zahlungsunfähigkeit des Herausgebers ihren Einsatz verloren zu haben.

Genussscheine haben üblicherweise eine sehr lange Laufzeit oder auch überhaupt keinen bestimmten Fälligkeitstermin. Viele Genussscheine laufen jahrzehntelang.

Die Ausschüttung ist häufig an den Gewinn gekoppelt – oder an die Zahlung von Dividenden. Damit sind Genussscheine in der Regel abhängig vom wirtschaftlichen Erfolg des Unternehmens. Erwirtschaftet dieses Unternehmen Gewinne bzw. zahlt es Dividenden an seine Aktionäre aus, dann erhalten auch die Genussschein-Inhaber eine Ausschüttung. Ist das nicht der Fall, kann diese Ausschüttung entfallen.

Und noch eine Besonderheit kennzeichnet Genussscheine: Das Fehlen von Stückzinsen. Wer eine herkömmliche Anleihe kauft, muss Stückzinsen entrichten. Das sind zeitanteilige Zinserstattungen an den Vorbesitzer, die diesen dafür entschädigen, dass er nichts mehr von der nächsten Zinsausschüttung bekommt. Bei einem Genussschein ist das nicht so. Stückzinsen sind bei dieser Wertpapiergattung nicht üblich. Das führt dazu, dass der Kurs eines Genussscheins immer mehr steigt, je näher der Zeitpunkt der nächsten Ausschüttung rückt. Der Wert der nächsten Ausschüttung sammelt sich auf diese Weise im Kurs an. Dieser sinkt schlagartig wieder, sobald die Ausschüttung erfolgt ist.

Ausschüttung: Vielfalt in Höhe und Ausgestaltung

Kein Genussschein gleicht dem anderen. Da ist es nicht verwunderlich, dass auch die Ausschüttungen je nach Genussschein und Emittent höchst unterschiedlich ausfallen:

Bei vielen Genussscheinen ist ein fester Zinskupon vorgesehen. Der bezieht sich, wie bei Anleihen, auf den Nominalwert. In diesem Fall ist die Ausschüttung fest und lässt sich im Voraus berechnen. Meist liegt die Höhe über der Rendite einer normalen Unternehmensanleihen – eine kleine Entschädigung für das höhere Risiko, das bei einer Insolvenz gegeben ist.

Es gibt jedoch auch Genussscheine mit einer variablen Ausschüttung. Die Höhe hängt dann beispielsweise von der Dividende ab, die an Aktionäre ausgezahlt wird. Manche Genussscheine hebeln sogar die Dividende, das heißt, sie bieten beispielsweise das Doppelte.

Auch in Sachen Regelmäßigkeit gibt es Unterschiede. Nicht selten bestimmt nämlich der Genussschein-Emittent, dass eine Ausschüttung entfallen kann. Wann das geschieht, ist dann allerdings abhängig von bestimmten Parametern. Eine Streichung der Ausschüttung ist beispielsweise denkbar, wenn der festgelegte Gewinn nicht erreicht wurde. Manchmal regeln die Emissionsbedingungen eine spätere Nachholung aufgefallener Zahlungen. Manchmal aber unterbleibt das auch.

Empfehlenswert sind ausschließlich börsennotierte Genussscheine

Die meisten Genussscheine, die nicht von Banken stammen, werden außerhalb der Börsen verkauft. Typisch sind beispielsweise kleine örtliche Unternehmen wie Brauereien, Konditoreien, Naturkosthersteller und -händler. Sie sammeln das Geld von Anlegern ein.

Nicht selten gibt es für diese ein Wahlrecht, ob sie ihre Ausschüttung lieber in Pralinen, Bier, ökologischen Brotaufstrichen oder in Geld wollen. Gegen solche örtlichen Initiativen ist nichts zu sagen. Immerhin unterstützen Sie durch den Kauf eines Genussscheins die lokale Wirtschaft – und üblicherweise investieren Sie hier keine riesigen Beträge, sondern vielleicht 100 oder 200 € pro Genussschein.

Bedenklich sind aber außerbörsliche Genussscheine großer Firmen, so zum Beispiel aus den Branchen Wind- und Solarenergie. Erinnern Sie sich an den schleswig-holsteinischen Windpark-Finanzierer Prokon? Mit Pauken und Trompeten schlitterte er im Jahr 2014 in die Insolvenz, und die rund 75.000 Anleger, die Prokon-Genussrechte gekauft hatten, warten bis heute vergeblich auf ihr Geld. Bei einer Gesamtsumme von 1,4 Mrd. €, die auf die Genussrechte entfallen, können Sie sich ausrechnen, wie hoch das durchschnittliche Verlustrisiko pro Anleger ist: Es sind fast 19.000 €.

Viele Anleger hatten bis kurz vor der Insolvenz keine Ahnung davon, wie riskant die Geldanlage in diese Genussrechte war und wie weit Prokon davon entfernt war, ein solides Finanzierungsmodell mit nachhaltig guten Renditeaussichten zu bieten. Das ist typisch für außerbörsliche Genussscheine (und übrigens auch für außerbörsliche Anleihen): Sie erfahren nichts, weil der Emittent nicht die Pflicht hat, seine Anleger zu informieren. Selbst Gerüchte bekommen Sie nicht mit. Bei börsengehandelten Wertpapieren würden sie sich dagegen sofort im Kurs niederschlagen.

Wenn Sie auf Genussscheine größerer Unternehmen setzen wollen, dann kaufen Sie unbedingt nur solche, die auch an Börsen gehandelt werden und für die börsentäglich ein Preis gestellt wird.

Anregung: Genussschein-Fonds kaufen

Wie bei Wandelanleihen gilt auch bei Genussscheinen: Ein Privatanleger kann im Dschungel der verschiedenen Angebote leicht den Überblick verlieren. Deshalb ist es auch hier ratsam, die Auswahl einem Profi zu überlassen.

Solche Profis sind die Manager von offenen Genussschein-Fonds. Diese kaufen Genussscheine (und ähnliche Zinspapiere wie zum Beispiel Nachranganleihen) und wählen sie sorgfältig aus.

Beachten Sie unsere Anregung

Im Kapitel ab S. 128 halten wir für Sie ein bewährtes Beispiel bereit.

Kurz-Check: Genussscheine

Sicherheit		Innerhalb der Zins-Produkte vergleichs-weise hohe Kursschwankungen.
Liquidität		Einzelne Genussscheine wenig liquide, Fonds gut handelbar.
Renditechance		Hohe Renditen im Zinsbereich.
Einfachheit		Es gibt keine festen Regeln, welche Bedingungen Genussscheine aufweisen müssen.
Kosten		Niedrige Transaktionskosten.
Haltedauer		Täglicher Handel möglich. Oft besteht Ungewissheit darüber, wann der Emittent das Zinspapier kündigt.

Tabelle 10: Wie Genussscheine im Kurz-Check abschneiden

WANDELANLEIHEN: DAS BESTE AUS ZWEI WELTEN (AKTIEN UND ANLEIHEN)

Die Leitzinsen sind im Keller – und folglich ist auch von den Zinsen bei Staats- und Unternehmensanleihen nicht viel zu erwarten. In der Tat lässt die Verzinsung zu wünschen übrig, es sei denn, Sie verlegen sich auf sehr riskante Hochzinsanleihen. Diese sind allerdings ständig von einem Zahlungsausfall bedroht. Das ist nichts für schwache Nerven.

Aber es gibt im Reich der Anleihen noch ein weiteres, interessantes Zinsinstrument, das zugleich die Verluste begrenzt und interessante Gewinnmöglichkeiten in sich birgt. Die Rede ist von Wandelanleihen, die auf Englisch »Convertible Bonds« oder kurz »Convertibles« genannt werden.

Geringe Verzinsung, aber interessantes Wandlungsrecht

Wandelanleihen funktionieren auf den ersten Blick genau gleich wie andere Unternehmensanleihen. Indem Sie ein solches Papier kaufen, leihen Sie dem betreffenden Unternehmen Geld. Dafür bekommen Sie einen Zinskupon, also eine jährliche Zinsgutschrift und das Versprechen, am Ende das investierte Geld, sprich den Nominalbetrag, erstattet zu bekommen. Die Zinsgutschrift ist allerdings in der Regel nicht berauschend. Mehr als 2 % sind derzeit kaum möglich.

Interessant ist allerdings eine Ausgestaltung, die mehr verspricht als die spärlichen Zinsgewinne: Sie haben als Anleger bei Wandelanleihen das Recht, sich statt des Nominalbetrags die Aktie des jeweiligen Unternehmens zurückzahlen zu lassen.

Wie viele Aktien Sie für Ihr Geld bekommen, steht von Anfang an fest und steht in den Emissionspapieren der jeweiligen Wandelanleihe. Die betreffende Größe nennt sich Wandlungspreis. Er gibt an, zu welchem Kurs die Wandelanleihe auf Wunsch des Anlegers in Aktien umgetauscht wird.

Das macht die Entscheidung für Sie sehr einfach: Liegt der Gesamtwert der Aktien, die Sie erhalten können, über dem Nominalwert, verzichten Sie auf die Rückzahlung des Geldes und lassen sich stattdessen lieber die Aktien ins Depot buchen. Liegt der Wert darunter, dann wählen Sie die Rückzahlung in Euro und Cent.

Wichtig ist außerdem das Umtauschverhältnis, das angibt, wie viele Aktien Sie für beispielsweise 1.000 € Nominalbetrag bekommen. Auch das Umtauschverhältnis ist von Anfang an definiert und in den Emissionsbedingungen der jeweiligen Wandelanleihe festgeschrieben.

Übrigens spiegelt sich der Chart der jeweiligen Aktie im Chart der Wandelanleihe wider. Nähert sich der Aktienkurs dem Wandlungspreis an oder liegt er sogar darüber, dann entwickelt sich der Kurs der Wandelanleihe fast gleich wie der Aktienkurs.

Diese Kursentwicklung ist verständlich, da Sie am Ende der Laufzeit (und zum Teil an bestimmten Stichtagen während der Laufzeit), die Wandelanleihe in die entsprechenden Aktien tauschen (umwandeln) können. Bleibt der Aktienkurs dagegen unter dem Wandlungspreis, dann sind die Kursschwankungen der Wandelanleihen nicht besonders ausgeprägt und ähneln denen normaler Anleihen.

Warum emittiert ein Unternehmen Wandelanleihen? Weil es dadurch die Möglichkeit hat, neues Kapital bei Anlegern einzusammeln. Das ginge zwar theoretisch auch durch die Ausgabe neuer Aktien. Doch dadurch droht ein Verwässerungseffekt für bestehende Aktien – diese verlieren an Wert, wenn neue Aktien hinzukommen.

Bei Wandelanleihen ist der Prozess schleichend. Neue Aktien gibt es nur, wenn die Inhaber der Wandelanleihen von ihrem Wandlungsrecht auch wirklich Gebrauch machen. Das schont den Aktienkurs – vor allem dann, wenn sich die Wandlungsphase über mehrere Wochen oder gar Monate erstreckt.

Der Teufel steckt im Detail: Wo Sie aufpassen müssen

Wandelanleihen sind nicht sehr einheitlich, sondern höchst komplexe Wertpapiere. Der Teufel steckt oft im Detail oder genauer gesagt: in den Emissionsbedingungen. Vorsichtig sollten Sie sein bei ...

➤ Wandelanleihen, die eine Wandlungspflicht statt eines Wandlungsrechts vorsehen. Da tragen sie das volle Kursrisiko der Aktie. Solche Papiere kaufen Sie besser nicht.

➤ Wandelanleihen, die auf eine ausländische Währung lauten. Hier tragen Sie oft noch ein beträchtliches Wechselkursrisiko.

➤ Umtauschanleihen: Das sind Papiere, die fast gleich sind wie Wandelanleihen. Statt den Aktien des Emittenten erhalten Sie aber die Aktien eines anderen Unternehmens. Meist handelt es sich dabei um ein Tochterunternehmen des Emittenten. Nur, wenn Sie von der Werthaltigkeit der entsprechenden Aktien überzeugt sind, kommt eine Umtauschanleihe infrage.

Fazit: Viele Vorteile, aber vergleichsweise komplexes Finanzprodukt

Wandelanleihen sind also nicht etwa als Zinspapiere besonders attraktiv, sondern als mögliche Aktieninvestments mit Verlustbegrenzer. Steigen die Aktienkurse, ist das für Sie als Anleger sehr lukrativ, denn Sie profitieren von den Kursanstiegen. Fallen die Aktienkurse, dann ist das nicht weiter schlimm für Sie. Denn das investierte Geld und die Zinsen erhalten Sie auch so. Auch wenn diese Zinsen zugegebenermaßen sehr mickrig ausfallen.

Es ist übrigens ein entscheidendes Plus, dass das Wandlungsrecht auf Ihrer Seite liegt – und nicht auf Seite des Emittenten. Sie bestimmen, ob Aktien oder ob Geld zurückgezahlt wird. Von Wandelanleihen mit Wandlungspflicht sollten Sie daher absehen. Und Umtauschanleihen als Sonderform der Wandelanleihen sollten Sie nur kaufen, wenn die Aktie, die Sie gegebenenfalls erhalten, zu gewissen Hoffnungen berechtigt.

Tipp: Kaufen Sie einen Wandelanleihen-Fonds

Als Privatanleger gute Wandelanleihen zu finden, ist nicht ganz einfach. Zum einen ist eine Emission dieser Papiere nicht unbedingt alltäglich. Zum anderen sind die Konditionen oft nicht anlegerfreundlich (z. B. Wandlungspflicht statt Wandlungsrecht). Zum dritten ist häufig ein Mindestbetrag festgelegt, den ein Anleger investieren muss. Das können leicht 100.000 € sein – also mehr, als ein Privatanleger für das Investment erübrigen kann.

Aus diesem Grund ist der Kauf einzelner Wandel- und Umtauschanleihen für Privatanleger ohne Expertenwissen nur selten empfehlenswert. Teilhaben können Sie dennoch an den Chancen, die diese attraktive Wertpapiergattung bietet. Denn zum Glück gibt es Wandelanleihen-Fonds, sprich spezialisierte, offene Investmentfonds, bei denen ein Fondsmanager attraktive Wandelanleihen aussucht und kauft. Einen bislang sehr erfolgreichen Fonds finden Sie im Kapitel »Bewährte Beispiele ...« ab S. 128.

Kurz-Check: Wandelanleihe

Sicherheit		In guten Phasen sorgt die Aktien-Funktion für Gewinn, in schlechten Zeiten stützt die Anleihen-Funktion.
Liquidität		Bei einzelnen Wandelanleihen können die Börsenumsätze gering sein. Wandelanleihen-Fonds sind deutlich liquider.
Renditechance		Erreicht nicht ganz das Rendite-Potenzial der Aktien.
Einfachheit		Kombination aus Aktie und Anleihe
Kosten		Bei einzelnen Wandelanleihen niedrig, bei Fonds höher.
Haltedauer		Täglicher Handel möglich, aber das Kapital sollte mindestens drei bis fünf Jahre investiert bleiben.

Tabelle 11: Wie Wandelanleihen im Kurz-Check abschneiden

AKTIENANLEIHE: ALS RENTENPAPIER
GETARNTE AKTIENSPEKULATION

Die Vorteile von Wandelanleihen haben Sie bereits kennengelernt: Über den Umweg einer Anleihe kaufen Sie ein Papier, das Sie bei günstiger Aktienkursentwicklung in Aktien umtauschen können. Ab welchem Aktienkurs sich das lohnt und wie viele Aktien Sie für das eingesetzte Geld erhalten, steht von Anfang an fest.

Ähnlich vorteilhaft wirken auf den ersten Blick die so genannten Aktienanleihen, auf Englisch auch »Reverse Convertible Bonds« bzw. »Reverse Convertibles« genannt. Allerdings weichen sie in einem entscheidenden Punkt von diesen ab: Das Wahlrecht in Bezug auf eine Rückzahlung in Geld oder in Aktien liegt nicht beim Anleger, sondern beim Emittenten. Dieser vermeintlich kleine Unterschied hat in der Praxis eine große Auswirkung: **Das Kursrisiko wird auf den Anleger abgewälzt. Deshalb aufgepasst!**

Wann wird der Emittent Ihnen bei einem solchermaßen konstruierten Wertpapier die Aktie zurückzahlen? – Völlig klar: Dann, wenn der Aktienkurs in den Keller gerauscht ist. Dann erhalten Sie bei Fälligkeit statt der Rückzahlung des investierten Geldes die Aktien, die deutlich weniger wert sind als Ihr ursprüngliches Investment.

Auch von attraktiven Zinskupons – häufig im hohen einstelligen Bereich – sollten Sie sich nicht täuschen lassen: Was nützt Ihnen ein Zins von 7 oder 8 % pro Jahr, wenn Sie am Schluss nicht Ihren ganzen Einsatz zurückbekommen – zumindest dann nicht, wenn der Aktienkurs gefallen ist?

Im Übrigen gehören Aktienanleihen zu den so genannten Derivaten, also den abgeleiteten Wertpapieren. Ähnlich wie Zertifikate oder

Optionsscheine sind sie damit abhängig von der Zahlungsfähigkeit des Emittenten. Das ist in der Regel nicht das Unternehmen selbst – auch das ist ein Unterschied zu Wandelanleihen. Sondern es sind Banken, die ihr Risiko bei der Anlage in Aktien auf Anleger abwälzen, die sich von dem hohen Zinskupon zu einem Kauf verleiten lassen.

Fazit: Nur scheinbar attraktiv

Lassen Sie sich daher nicht blenden: Aktienanleihen sind keineswegs ein anleihenähnliches Wertpapier, das hohe Sicherheit bietet. Vielmehr handelt es sich dabei um ein vergleichsweise spekulatives Investment, dessen Erfolg stark von der Entwicklung des Aktienkurses abhängt. Der hohe Zinssatz ist da nur ein vergleichsweise schwaches Trostpflaster.

Unsere Anregung in Bezug auf Aktienanleihen lautet daher: Kaufen Sie diese Papiere nicht. Sie handeln sich unnötige Risiken ein, ohne dafür angemessen entschädigt zu werden. Sie investieren besser direkt in Aktien (siehe Aktien-Kapitel). Und wenn Sie Derivate in Ihr Depot beimischen möchten, dann weisen Discount-Zertifikate im Vergleich zu Aktienanleihen das bessere Chancen-Risiko-Verhältnis auf.

Kurz-Check: Aktienanleihen

Sicherheit		Starke Kursschwankungen möglich. Zins-Ertrag bietet einen gewissen Sicherheitspuffer.
Liquidität		Aktienanleihen können börsentäglich ge- und verkauft werden.
Renditechance		Rendite hängt häufig nicht vom Zinskupon ab, sondern von der Wertentwicklung der jeweiligen Aktie.
Einfachheit		Der Name ist irreführend. Aktienanleihen sind Zertifikate, keine Anleihen-Form.
Kosten		Niedrige Transaktionskosten, aber anders als bei einem direkten Aktien-Investment kassiert der Emittent die Dividenden.
Haltedauer		Laufzeit kann ausgewählt werden. Emittent entscheidet aber, ob Rückzahlung in Geld oder Aktien.

Tabelle 12: Wie Aktienanleihen im Kurz-Check abschneiden

Renten- und Kapitallebensversicherungen: Niedrige Erträge, hohe Kosten

Lebensversicherungen sind ein sehr altes Finanzprodukt. Ihre Anfänge reichen bis in die Antike zurück, als Sterbekassen die Finanzierung von Begräbnissen sicherten. In den mittelalterlichen Zünften unterstützten die Mitglieder einander (bzw. ihre Familien) im Falle von Krankheit, Invalidität und Tod. Seit dem 18. Jahrhundert gab es, zuerst in Großbritannien, erste »moderne« Lebensversicherungen. Sie ermittelten ihre Prämien bereits auf Basis von Sterblichkeitsstatistiken und Wahrscheinlichkeitsrechnung.

Seitdem hat sich eine ganze Reihe von Lebensversicherungen verschiedener Ausprägung entwickelt. Die wichtigsten Grundformen sind die Todesfall- und die Erlebensfallversicherung. Die Todesfallversicherung (Risikolebensversicherung) wird im Falle des Todes der versicherten Person an die im Versicherungsvertrag festgelegten Begünstigten ausbezahlt. Sie dient meist der finanziellen Absicherung der Hinterbliebenen. Ihr Abschluss ist uneingeschränkt sinnvoll, wenn im Falle des eigenen Todes eine finanzielle Vorsorge für Hinterbliebene (oder z. B. Geschäftspartner) notwendig erscheint.

Bei der Erlebensfallversicherung erhält der Versicherungsnehmer zum vertraglich vereinbarten Zeitpunkt die Versicherungssumme ausbezahlt. Sie dient häufig der Altersvorsorge und ist also eher eine Kapitalanlage, die unter dem Namen »Versicherung« firmiert.

Renten- oder Kapitallebensversicherungen: Als Sparprodukte sehr beliebt

Eine typische Erlebensfallversicherung ist die Rentenversicherung. Ein Todesfallschutz für die Hinterbliebenen ist hier nicht vorgesehen. Weiter verbreitet ist eine gemischte Todes- und Erlebensfallversicherung. Sie nennt sich kapitalbildende Lebensversicherung oder einfach Kapitallebensversicherung. Bei dieser Variante erhält der Versicherte zu einem vereinbarten Fälligkeitstermin eine vorher nicht festgelegte Summe, deren Höhe vom Anlageerfolg der Versicherung abhängt. Stirbt der Versicherte dagegen vorher, bekommen die Hinterbliebenen die anfangs vereinbarte Todesfallsumme ausbezahlt.

Die Verzinsung einer Renten- oder Kapitallebensversicherung setzt sich zusammen aus dem Garantiezins (Höchstrechnungszins), der laufenden Überschussbeteiligung und dem Schlussüberschuss. Den Garantiezins, der sich an der Höhe zehnjähriger Staatsanleihen orientiert, muss die Versicherung am Ende der Laufzeit auf jeden Fall zahlen. Bis 2003 lag der Garantiezins jahrzehntelang zwischen 3 und 4 %, seitdem wurde er mehrmals gesenkt, zuletzt zum 1. Januar 2015 auf 1,25 %. Da er sich zudem nicht auf die Gesamtsumme der eingezahlten Prämien bezieht, sondern nur auf deren Sparanteil (Prämien abzüglich Kosten der Versicherung und ggf. Abzüge für den Todesfallschutz), kommt von der garantierten Verzinsung nicht viel Gewinn beim Kunden an. Bei kleineren Versicherungssummen kann am Ende der Laufzeit sogar ein Verlust stehen, weil die Kosten stärker ins Gewicht fallen. Besonders bei Ausbildungs- und Sterbegeldversicherungen als Spezialfällen der Kapitallebensversicherungen ist das ein echtes Problem.

Die Überschussbeteiligung ist eine Beteiligung der Versicherten an den Überschüssen aus dem Versicherungsgeschäft, in Deutschland auch an den Bewertungsreserven (stillen Reserven) des Versicherungsunternehmens. Sie wird einmal jährlich berechnet und dem jeweiligen Versicherungsvertrag gutgeschrieben. Der Schlussüberschuss ist eine Gewinnbeteiligung, die am Ende der Laufzeit ermittelt und dem Kunden zusätzlich ausgezahlt wird.

Problem der Versicherer: teure Altverträge

Die Höhe der Überschüsse ist bei Abschluss der Versicherung nicht abzusehen. Aufgrund der andauernden Niedrig-Zins-Phase sollte sie jedoch eher gering angesetzt werden. Denn wegen der langen Laufzeit vieler Verträge müssen die Versicherungsunternehmen heute Verpflichtungen aus Altverträgen erfüllen, deren garantierte Verzinsung mit durchschnittlich 3,2 % (Angabe für Deutschland, laut Bundesministerium der Finanzen) deutlich über dem liegt, was sich heute mit »sicheren« Geldanlagen erwirtschaften lässt.

Auch der Gesetzgeber hat erkannt, dass diese Entwicklung bei anhaltend niedrigen Zinsen zu einer ernsthaften Schieflage der Versicherungsunternehmen führen kann. 2011 mussten die Versicherer erstmals eine so genannte Zinszusatzreserve bilden und sie in den folgenden Jahren erhöhen. Diese Rückstellungen sollten die Zinsen auf Altverträge sichern. Das Lebensversicherungsreformgesetz von 2014 reduziert jedoch die Beteiligung der Versicherungsnehmer an den Bewertungsreserven. Auch eine Dividendenkürzung kann durch die Bundesanstalt für Finanzdienstleistungsaufsicht (BaFin) angeordnet werden. Damit soll verhindert werden, dass jetzt finanzielle Mittel an Versicherte und Aktionäre abfließen, die die Garantieverzinsung späterer fälliger Verträge gefährden.

Trotz dieser gesetzlichen Vorsorge ist der Abschluss einer Kapitallebensversicherung nicht ratsam. Neben der im Augenblick spärlichen Garantieverzinsung und der eher fraglichen Überschüsse sprechen auch die allgemeinen Schwächen des Produkts dagegen: Hohe Kosten, mangelnde Liquidität und geringe Flexibilität während der (oft langen) Laufzeit machen einen Neuabschluss nicht gerade attraktiv.

Durchaus sinnvoll: alte Verträge weiterlaufen lassen

Dagegen ist es für bestehende Verträge oft günstiger, sie weiterlaufen zu lassen oder beitragsfrei zu stellen. Denn erstens verzinsen sie sich gut (bis Mitte 2000 lag der garantierte Mindestzins bei immerhin 4 %). Zweitens kann eine Kündigung mit Verlusten verbunden sein: Die Rückzahlung liegt oft unterhalb der Summe der gezahlten Beiträge oder lässt das Anlageergebnis auf ein Minimum schrumpfen. Auch unliebsame steuerliche Konsequenzen kann eine vorzeitige Kündigung haben. Außerdem können ältere Verträge mit hohem Garantiezins nicht nur im Hinblick auf ihre Rendite interessant sein. Ihre Erträge sind, sofern vor 2005 abgeschlossen, unter bestimmten Bedingungen steuerfrei.

Sonderfall Ausbildungsversicherung: unflexibel bei niedriger Rendite

Nicht empfehlenswert ist auch der Abschluss von so genannten Ausbildungsversicherungen, die häufig Eltern oder Großeltern für ein neugeborenes Kind abschließen. Es soll im Alter von 18 Jahren dadurch einen größeren Geldbetrag zur Verfügung haben, der etwa für Ausbildung, Führerschein, Autokauf oder ein Auslandsjahr verwendet werden kann. Meist handelt es sich bei diesem Produkt um eine klassische Kapitallebensversicherung: Stirbt der Versicherte (z. B. Vater, Großmutter), ist der Vertrag bis zum Laufzeitende beitragsfrei. Aufgrund der bekannten Nachteile der Kapitallebensversicherungen – vor allem niedrige Rendite, hohe Kosten, mangelnde Flexibilität – ist vom Abschluss einer solchen Versicherung abzuraten.

Mehr Flexibilität bei zumindest nicht schlechterer Rendite bietet ein
Sparplan. Das kann ein Banksparplan mit ganz normalen Guthabenzinsen sein. Wenn Sie für bessere Renditechancen zwischenzeitliche
Kursschwankungen aushalten, können Sie stattdessen auch einen
(konservativ investierenden) Aktienfonds in Erwägung ziehen.

Fondsgebundene Renten- und Kapitallebensversicherungen

Bessere Renditechancen als die »klassische« Kapitallebensversicherung versprechen fondsgebundene Renten- und Kapitallebensversicherungen. Hier investiert die Versicherung in einen oder mehrere
Investmentfonds. Die ausbezahlte Summe richtet sich nach deren
Wertentwicklung, das Kursrisiko trägt der Versicherte. Gerade aus
diesem Grund ist der Nutzen solcher Versicherungen allerdings nur
schwer einzuschätzen. Denn wenn Sie bereit sind, das Kursrisiko einzugehen, können Sie von den Renditechancen des Aktienmarktes
auch profitieren, indem Sie die Aktien oder Fondsanteile selbst kaufen. Dabei haben Sie sogar die freie Auswahl zwischen beliebigen
Fonds oder Aktien. Warum sollten Sie dem Versicherungsunternehmen hohe Abschluss- und Verwaltungskosten dafür zahlen, dass es an
Ihrer Stelle Fonds mit eingeschränkter Auswahlmöglichkeit kauft –
und Ihnen außerdem über Jahre hinweg die Verfügungsmacht über
Ihr Geld wegnimmt? Sie sehen: Fondsgebundenen Versicherungen
stehen wir ebenfalls skeptisch gegenüber.

Kurz-Check: Renten- und Kapitallebensversicherungen

Sicherheit		Eingesetztes Kapital und Garantiezins sind eigentlich sicher; bei anhaltender Niedrig-Zins-Phase könnten jedoch hoch verzinste Altverträge einige Versicherungsunternehmen in finanzielle Schieflage bringen.
Liquidität		Vorzeitiger Ausstieg nur unter finanziellen Einbußen möglich.
Renditechance		Niedrig und durch Kosten weiter geschmälert.
Einfachheit		Sie müssen einen Vertrag abschließen; regelmäßige Zahlungen während der Laufzeit; die Höhe der Rendite ist von Entwicklungen am Finanzmarkt und vom Anlageerfolg des Versicherers abhängig, ihre genaue Berechnung ist für den Laien weder verständlich noch transparent.
Kosten		Beim Abschluss des Versicherungsvertrages anfallende Kosten verzögern den Vermögensaufbau und schmälern die Rendite.
Haltedauer		Je nach Vertragsdauer, häufig mehrere Jahrzehnte.

Tabelle 13: Wie Lebensversicherungen im Kurz-Check abschneiden

BAUSPARVERTRAG – NIEDRIGER ZINS, GÜNSTIGES DARLEHEN

Wie der Name sagt, ist der Bausparvertrag ein Sparvertrag, der in der Regel dem Bau bzw. Erwerb einer Immobilie dient. Der Vertrag wird zwischen einem Bausparer und einer Bausparkasse abgeschlossen und bezieht sich stets auf eine bestimmte Bausparsumme.

Bei Vertragsabschluss wird eine Abschlussgebühr fällig, die zwischen 1 und 3 % (meist 1,0 bis 1,6 %) der Bausparsumme liegt. Danach beginnt die Ansparphase (Sparphase), während der der Bausparer regelmäßig einen bestimmten Betrag einzahlt. Das Bausparen wird oft staatlich gefördert (z. B. Wohnungsbauprämie, Riester). Zwar können Sie den Bausparvertrag in der Ansparphase (mit einer Kündigungsfrist) kündigen, dabei verlieren Sie aber eventuell gewährte staatliche Zulagen und Steuervorteile – und natürlich den Anspruch auf das mit dem Vertrag verbundene, zinsgünstige Bauspar-Darlehen. Auch die Abschlussgebühr erhalten Sie bei vorzeitiger Kündigung nicht zurück.

Zweck des Bausparens: das Darlehen

Ein Bausparvertrag funktioniert so: Zunächst muss ein vertraglich vereinbarter Prozentsatz der Bausparsumme (meist 40 oder 50 %) angespart werden. Sobald er erreicht ist, eine Mindestsparzeit abgelaufen ist und weitere Voraussetzungen erfüllt sind, kann die Zuteilung erfolgen. Der Bausparer kann nun über die Bausparsumme verfügen. Er bekommt die gesamte Summe ausgezahlt: Den Teil, der die angesparte Summe übersteigt, erhält er als Darlehen. Die Bausparsumme muss allerdings für wohnwirtschaftliche Zwecke genutzt werden –

also etwa für Grunderwerb, die Errichtung, Modernisierung oder Erhaltung von Wohneigentum oder auch das Ablösen eines Immobilienkredits.

Nun beginnt die Darlehensphase, während der der Bausparer auf das Darlehen einen zu Vertragsbeginn vereinbarten Zinssatz zahlt und das Darlehen tilgt. Die Tilgung erfolgt deutlich schneller als bei anderen Krediten, auch Sondertilgungen sind ohne Zinsaufschlag oder Vorfälligkeitsentschädigung möglich.

Nachteile des Bausparvertrags sind die Abschlussgebühr, die Zweckbindung des Darlehens und eine sehr niedrige Verzinsung während der Ansparphase. Dem gegenüber stehen die Vorteile der staatlichen Förderung und eines relativ zinsgünstigen Darlehens.

Folgen der niedrigen Zinsen

In der Niedrig-Zins-Phase erlebten allerdings viele Bausparer, dass der bei Vertragsabschluss günstig erscheinende Darlehenszinssatz bei der Zuteilung über dem Marktzins für vergleichbare Baudarlehen lag. Es lohnte sich also nicht unbedingt, das Darlehen in Anspruch zu nehmen. Am günstigsten erschien es, sich das angesparte Kapital auszahlen zu lassen.

Umgekehrt sind die Sparzinsen von Altverträgen angesichts der Zinsentwicklung heute oft attraktiv, da sie über dem Marktzins liegen. Die Bausparkassen haben dies erkannt und bemühen sich schon seit Jahren, sich dieser »Altlasten« zu entledigen – teils, indem sie mit vermeintlich attraktiven Angeboten die Kunden in neue Verträge locken, teils auch mit (rechtlich zumindest umstrittenen) Kündigungen vor Erreichen der Sparsumme.

Wenn Sie über einen hoch verzinsten Altvertrag verfügen, sollten Sie
diesen so lange wie möglich in der Ansparphase halten und sich auch
auf keine Vertragsänderung einlassen.

Darlehenszins kann wieder interessant werden

Jetzt einen neuen Bausparvertrag abzuschließen, lohnt sich aufgrund
der niedrigen Verzinsung (und der dadurch umso stärker ins Gewicht
fallenden Abschlussgebühr von 1 bis 1,6 % der Bausparsumme)
nicht. Dies ist allerdings keine Besonderheit der Niedrig-Zins-Phase:
Auch in Hoch-Zins-Phasen gibt es besser verzinste Alternativen zum
Bausparvertrag, weil dessen Zweck nun einmal nicht der Sparzins ist,
sondern der Anspruch auf ein günstiges Darlehen.

Genau aus diesem Grund könnte ein neuer Vertragsabschluss trotzdem
für Sie interessant sein: Wenn Sie annehmen, dass die Niedrig-Zins-Phase irgendwann wieder beendet sein wird und Sie in einigen Jahren möglicherweise Geld für wohnwirtschaftliche Zwecke benötigen. Dann können Sie sich heute die Option auf ein Bauspardarlehen mit historisch
niedrigem Zinssatz sichern. Sie spekulieren damit ein wenig auf spürbar
steigende Zinsen. Aber anders als bei anderen Spekulationsgeschäften
ist der Einsatz überschaubar: Bleiben die Zinsen bis zur Zuteilung im
Keller, dann haben Sie die Abschlussgebühr verloren, die Aussichten auf
ein zinsgünstiges Darlehen sind aber vorhanden. Trotzdem Vorsicht: Da
die Bausparkasse Sie bei den meisten Vertragsmodellen zwingt, dieses
Darlehen im Rekordtempo zurückzuzahlen, ist der günstige Kreditzins
allein kein hinreichendes Kriterium. Das Gesamtpaket muss stimmen.

Gute Vergleichsmöglichkeiten im Hinblick auf bestehende Bauspa-
rangebote bietet folgende Website:

➤   www.fmh.de/bausparen-baufinanzierung/bausparen

Kurz-Check: Bausparvertrag

Sicherheit		Angespartes Guthaben einschließlich Zinsen durch Einlagensicherung geschützt.
Liquidität		Sie kommen jederzeit an Ihr Geld, dann ist aber der Bausparvertrag gekündigt, die Provision (und staatliche Zuschüsse) meist weg; nach Zuteilung Auszahlung des Gesparten – falls gewünscht – und einem (zweckgebundenen) Darlehen.
Renditechance		Geringe Verzinsung in der Ansparphase; aber: staatliche Förderung.
Einfachheit		Den meisten Bausparern ist nicht klar, was das Kleingedruckte solcher Verträge so alles mit sich bringt: Ungewisser Zuteilungszeitpunkt, hohe Belastung durch den schnell abzuzahlenden Kredit, keine Verfügbarkeit auch des eigenen Geldes (Ansparsumme) vor Zuteilungsreife (außer bei Kündigung).
Kosten		Abschlussgebühr ist unverhältnismäßig hoch (kann aber neuerdings verhandelt werden). Ein Wechsel in andere Bauspartarife, um eine Darlehensrückzahlung zeitlich zu strecken und damit die monatlichen Raten zu senken, kann zusätzliche Kosten verursachen.
Haltedauer		Ansparphase über viele Jahre; Tilgung des Darlehens vergleichsweise schnell.

Tabelle 14: Wie Bausparverträge im Kurz-Check abschneiden

AKTIEN: ALS VERMÖGENSBAUSTEIN IN DER NULL-ZINS-PHASE UNVERZICHTBAR

Da Sie statistisch betrachtet als Leser dieses Buches mit relativ großer Wahrscheinlichkeit noch keine Aktien besitzen, haben wir im ersten Schritt versucht, Ihnen die Angst vor dieser Anlageklasse zu nehmen. Wagen Sie den Sprung in ein Aktien-Investment! Falls nicht, verschenken Sie auf Dauer Geld.

Oft wird die Anregung, Aktien zu kaufen, falsch verstanden. Es geht ausdrücklich nicht darum, alle verfügbaren Geldmittel in Aktien zu investieren. Das wäre viel zu riskant. Unser Ziel ist es, dass Sie Aktien zukünftig als renditestarken Vermögensbaustein betrachten oder mit einem Aktien-Sparplan den Vermögensaufbau starten. Wer es bei der Geldanlage konservativ mag, kann seine Geldmittel so einteilen, dass nur rund 20 % in dividendenstarke Aktien investiert werden. Wer gut mit Kursschwankungen leben kann und höhere Renditen anstrebt, wird eine Aktienquote von 50 oder 60 % anpeilen.

Wie bereits mehrfach in diesem Buch erwähnt, bieten sich für Sparer, die am Aktienmarkt eine Art Zinsersatz suchen, dividendenstarke Aktien an. Eine Dividende ist in etwa mit einer Zinszahlung vergleichbar. Während Sie als Besitzer einer Anleihe (im Regelfall) einmal pro Jahr einen festen Zinskupon ausbezahlt bekommen, schütten deutsche börsennotierte Unternehmen am ersten Bankentag nach der Hauptversammlung die Dividende aus. Auf der Hauptversammlung beschließt die Mehrheit, welchen Anteil vom Unternehmensgewinn im Unternehmen bleibt und welchen Anteil die Aktionäre in Form von Dividenden bekommen.

Die Betrachtung der Dividende ist für Sie besonders dann wichtig, wenn Sie einen direkten Zinsersatz suchen – anstelle etwa von

Bankzinsen, die aktuell extrem niedrig sind. Der Vorteil: Bei dieser Betrachtungsweise können Sie die Kursschwankungen von einmal gekauften Aktien einfach ignorieren. Sie konzentrieren sich ausschließlich auf die Dividendenerträge als Einnahmequelle. Wenn irgendwann beim Verkauf der Aktien zusätzlich ein Kursgewinn herausspringt, ist das ein angenehmer Nebeneffekt. Den Dividendenaspekt sollten Sie speziell dann berücksichtigen, wenn Sie sich bereits ein finanzielles Polster aufgebaut haben und zukünftig (zumindest teilweise) von den Kapitalerträgen leben wollen oder müssen.

Anlagenotstand in der Null-Zins-Phase: Dividenden sind die besseren Zinsen

Die Deutschen sind ein Volk der Zinssparer. Über 80 % des Geldvermögens stecken in Sparformen, die von Zinsen leben. Etwa Bankguthaben. Oder Versicherungsverträge. In der Vergangenheit ist diese Rechnung auch aufgegangen, da selbst sichere Staatsanleihen regelmäßig Zinsrenditen von 3 bis 5 % pro Jahr abwarfen – zeitweise sogar deutlich mehr. Mit diesen Renditen konnten auch konservative Sparer ausgesprochen gut leben.

Blicken wir zehn Jahre zurück: Im Jahr 2005 erhielten Sie für eine Bundesanleihe mit einer Laufzeit von zehn Jahren eine Zinsrendite von rund 3,5 %. Im gleichen Jahr zahlten die 30 Unternehmen, die damals im deutschen Aktienleitindex DAX vertreten waren, eine durchschnittliche Dividendenrendite von gut 2,5 %. Die Zinsrendite lag über der Dividendenrendite.

Zehn Jahre später hat sich das Bild radikal gewandelt. Die Bundesanleihen werfen deutlich unter 1 % Zinsen ab. Sie müssen aber kein Geld verschenken! Dividendenstarke Aktien bieten sich als Ersatzlösung an. Während das Zinsniveau aktuell am Boden ist, zahlen Unternehmen heute Rekorddividenden. Die 30 DAX-Unternehmen schütten in diesem Jahr voraussichtlich rund 30 Mrd. € an Dividenden aus. Das wäre ein Rekordwert in der deutschen Börsenhistorie. Bezogen auf die Aktienkurse liegt die Dividendenrendite im deutschen Leitindex DAX aktuell im Durchschnitt bei 3,1 % (Stand Januar 2015).

Mit diesen gut 3 % schlagen Sie auch die Zinsrenditen von soliden Unternehmensanleihen. Auch das ist ein börsengeschichtlich seltenes Ereignis: Die Dividendenrenditen der Unternehmen sind deutlich höher als die Zinsrenditen der Unternehmensanleihen.

Ein Beispiel: Der deutsche Autobauer Daimler glänzt mit einer Dividendenrendite von 3,3 %. Gleichzeitig erhalten Sparer, die eine Daimler-Anleihe mit Laufzeit bis 2020 kaufen, nur gut 0,5 % Zinsen pro Jahr. Ein klarer Punktsieg für die Aktie im Vergleich zur Anleihe desselben Unternehmens.

Dividendenrenditen von 2 bis 5 % sind bei soliden Unternehmen keine Seltenheit. Das sind aktuell schöne Zahlen, aber viele Sparer haut das nicht vom Hocker. Für das »Aktien-Risiko« wollen sie noch mehr Rendite als Risikoausgleich. Wenn Sie weiter in die Zukunft schauen, sind höhere Dividendenrenditen auch kein Problem. Ein Kardinalfehler der Mehrzahl der Anleger: Sie blickt nur auf die aktuelle Dividende des laufenden Jahres.

Beispiel Nestlé: Auch langweilige Unternehmen bringen sehr hohe Gewinne

Wir möchten Sie ermuntern, weiter in die Zukunft zu blicken. Warum Sie dann plötzlich eine ganz andere Perspektive auf Aktien und Dividenden erhalten, erkennen Sie, wenn Sie zunächst einen Blick in den Rückspiegel werfen.

Der weltweit größte Nahrungsmittelhersteller Nestlé hat in den vergangenen 18 Jahren jedes Jahr die Dividende erhöht. Dabei lag die jährliche Dividendenrendite zwischen 2 und 4 %. Das ist gut, reißt aber noch niemanden wirklich vom Hocker. Spannend wird der Rückblick auf die Dividendenhistorie, wenn Sie bedenken, dass ein Anleger vor 20 Jahren eine Nestlé-Aktie mit einer Dividendenrendite von gut 3 % gekauft hat. Heute kommt er mit der gleichen Aktie auf eine Dividendenrendite von 17,2 % – Tendenz stark steigend! Wer träumt nicht von 17 % Jahresrendite?

Die Rechnung ist einfach: Der Anleger hat vor zwei Jahrzehnten eine Nestlé-Aktie gekauft. Der Kaufkurs verändert sich für ihn nicht mehr, schließlich hat er die Aktie schon im Depot. Die Bezugsbasis für die Berechnung der Dividendenrendite, nämlich der Aktienkurs, bleibt damit über Jahre hinweg für ihn gleich. Was sich aber verändert, sind die jährlichen Dividendenzahlungen. Wie oben beschrieben, hat Nestlé in den vergangenen 18 Jahren jedes Jahr die Dividende erhöht. Der einst gezahlte Kaufkurs bleibt konstant, die Dividende steigt stetig. Das führt am Ende zu hohen zweistelligen Jahresrenditen.

Wir möchten Ihnen diese Rechnung im Detail vorstellen. Basis ist der Zeitraum zwischen 1994 und 2014, da diese Dividenden bereits ausgezahlt wurden und wir daher mit harten Fakten arbeiten können und nicht etwa auf Prognosen über die Höhe künftiger Dividenden zurückgreifen müssen.

Im Jahr 1994 hat eine Nestlé-Aktie an der Börse 12,47 Schweizer Franken gekostet. 20 Jahre später, im Jahr 2014, hat Nestlé eine Dividende in Höhe von 2,15 Franken an die Aktionäre ausgeschüttet. Die Rechnung lautet:

$$\frac{2,15\ Franken\ (Dividende\ 2014)}{12,47\ Franken\ (Kaufkurs\ Aktie\ 1994)}\ x\ 100\ \% = 17,2\ \%\ (Dividendenrendite)$$

Stellen Sie sich vor, der Nestlé-Aktionär hat seine Aktien nicht erst 1994 gekauft, sondern bereits als sehr junger Mensch im Jahr 1959. Dann hat dieser Nestlé-Aktionär im Jahr 2014 eine fast unglaublich hohe Dividendenrendite von 158 % erhalten. Davon träumt jeder Sparer! Der Faktor Zeit ist der größte Freund des Aktionärs.

Investieren Sie kein Geld in Aktien, das Sie bald wieder benötigen

Es ist wichtig, dass Sie kein Geld in Aktien investieren, das Sie bereits in sechs Monaten oder in einem Jahr wieder benötigen. Geld, das am Aktienmarkt investiert wird, muss längerfristig »arbeiten« können.

Daher unser Praxistipp: Investieren Sie nur Geld in Aktien, das Sie in den nächsten drei bis fünf Jahren nicht benötigen. Das bedeutet selbstverständlich nicht, dass dieses Geld fest gebunden ist und Sie überhaupt nicht mehr darauf zurückgreifen können. Aktien können Sie an jedem Börsentag kaufen und auch wieder verkaufen. Aber der geplante (!) Anlagehorizont sollte mittel- bis langfristig sein.

Die Dividenden-Könige

Sie könnten jetzt argwöhnen, dass wir mit Nestlé den heimlichen Dividenden-König der Börse herausgepickt haben, damit wir im Rechenbeispiel mit möglichst großen Zahlen auftrumpfen können. Das ist aber nicht der Fall! Nestlé ist ein bekannter und guter Dividendenzahler, belegt jedoch in keiner Dividendenstatistik einen Top-3-Platz. Nestlé führt weder bei der Dividendenrendite noch bei der Dividendenhistorie noch in der Liste mit den meisten Dividendenerhöhungen in Serie.

Speziell in den USA hat das Thema Dividende einen großen Stellenwert. Weil die US-Unternehmen wissen, dass ihre Aktionäre größten Wert auf die Dividende legen, stammen die meisten »Dividenden-Champions« auch aus den USA, wie Ihnen die folgende Übersicht zeigt:

Name	Dividende seit	ISIN	Dividendenrendite (Stand Januar 2015)
York Water	1816	US9871841089	2,80 %
Bank of Nova Scotia	1832	CA0641491075	4,11 %
CIBC	1868	CA1360691010	4,55 %
Stanley Black & Decker	1877	US8545021011	2,18 %
Eli Lilly	1885	US5324571083	2,72 %
Johnson Controls	1887	US4783661071	2,11 %
General Mills	1888	US3703341046	3,09 %
Procter & Gamble	1890	US7427181091	2,83 %
Colgate-Palmolive	1895	US1941621039	2,07 %
PPG Industries	1899	US6935061076	1,20 %
General Electric	1899	US3696041033	3,38 %
Union Pacific	1899	US9078181081	1,71 %
Church & Dwight	1901	US1713401024	1,60 %
BB&T	1903	US0549371070	2,47 %
DuPont	1904	US2635341090	2,58 %
Exxon Mobil	1908	US30231G1022	2,98 %
American Electric Power	1910	US0255371017	3,62 %

Tabelle 15: Unternehmen, die seit über 100 Jahren Dividenden ausschütten, (Quelle: www.mydividends.de)

Praxistipp: Aktienherkunft schnell identifizieren

Wenn Sie wissen möchten, woher ein börsennotiertes Unternehmen stammt, reicht ein Blick auf die internationale Wertpapierkennnummer (kurz: ISIN). Die ersten Buchstaben sind jeweils ein Länderkürzel. »US« steht in diesem Fall für USA, »CA« für Kanada. Wäre ein deutsches Unternehmen in der Liste enthalten, würde die ISIN mit »DE« beginnen (Schweiz: »CH«, Österreich: »AT«).

Noch wichtiger als die Auswertung der Dividendenjahre ist die Betrachtung des Dividendenwachstums. Unternehmen, die über einen langen Zeitraum Jahr für Jahr stetig die Dividende erhöht haben, besitzen mit sehr hoher Wahrscheinlichkeit ein Geschäftsmodell, das regelmäßige Umsatz- und Gewinnsteigerungen mit sich bringt. Nur ein Unternehmen, das regelmäßig den Gewinn steigert, kann auch Jahr für Jahr die Dividende erhöhen.

Wir möchten Sie einladen, eine kurze Lesepause zu machen und darüber nachzudenken, wie erfolgreich Unternehmen sein können. Was denken Sie, über wie viele Jahre muss ein Unternehmen jedes Jahr (ohne Ausnahme) die Dividende steigern, damit es in den Top-Listen aufgenommen wird? Fünf Jahre? Zehn Jahre? Oder sogar 25 Jahre?

Mit diesen großzügigen Schätzungen liegen Sie noch immer weit unter dem tatsächlichen Wert. Die echten »Dividenden-Könige« schütten seit mindestens 50 Jahren (!) jedes Jahr mehr Geld an ihre Aktionäre aus. Wer frühzeitig auf diese Dividenden-Könige gesetzt hat, kann heute von den Ausschüttungen leben, oder zumindest seine Rente damit sehr üppig ergänzen. Hier eine Übersicht mit den »Dividenden-Königen«:

Name	Dividende ununterbrochen erhöht in Jahren	Aktuelle Dividendenrendite (Stand Januar 2015)
Diebold, Incorporated	60	3,26 %
American States Water	60	2,47 %
Northwest Natural Gas	58	3,92 %
Dover	58	2,12 %
Parker-Hannifin	58	1,94 %
Genuine Parts	58	2,22 %
Procter & Gamble	58	2,84 %
Emerson Electric	57	2,91 %
3M	55	2,10 %
Vectren Corp.	54	3,36 %
Cincinnati Financial	54	3,40 %
Coca-Cola	52	2,81 %
Johnson & Johnson	52	2,57 %
Lowe's Companies	52	1,40 %
Colgate-Palmolive	50	2,07 %

Tabelle 16: Unternehmen mit der längsten Serie an Dividendenerhöhungen, (Quelle: www.mydividends.de)

Wie Sie anhand der Unternehmensnamen schnell erkennen können, handelt es sich oft nicht um »Geheimtipps«, sondern um weltbekannte Unternehmen, zumindest aber um Unternehmen, die über weltbekannte Marken verfügen. Sie alle kennen die Unternehmen oder die Produkte von Procter & Gamble, Coca-Cola, Johnson & Johnson oder auch Colgate-Palmolive. Es ist also kein Hexenwerk, auf die Namen der »Dividenden-Könige« zu stoßen.

Damit das Ganze nicht zu US-lastig wird, nennen wir Ihnen auch noch die europäischen »Dividenden-Könige«. So können Sie unterschiedliche Länder, Währungen und Branchen miteinander kombinieren und erhalten eine noch bessere Risikostreuung.

Name	Dividende ununterbrochen erhöht (in Jahren)	Aktuelle Dividendenrendite (Stand Januar 2015)
Roche Holding	27	2,71 %
Pearson	22	3,69 %
Fresenius	21	0,96 %
L'Oréal	19	1,80 %
Nestlé	18	2,97 %
Novartis	17	2,46 %
Fresenius Medical Care	17	1,28 %
Novo-Nordisk	16	1,61 %
Imperial Tobacco	16	4,07 %
Diageo	15	2,21 %
SSE	15	5,13 %
Sanofi	14	3,67 %
Assoc. Brit. Foods	14	0,98 %
Vodafone	12	4,79 %
GlaxoSmithKline	12	5,31 %
Reckitt Benckiser	11	2,61 %
British American Tobacco	11	3,64 %
Astra-Zeneca	10	3,80 %

Tabelle 17: Die Dividenden-Könige aus Europa,
(Quelle: www.mydividends.de)

Unsere Einschätzung: Wenn ein Unternehmen seit mindestens 50 Jahren jedes Jahr die Dividendenausschüttung erhöht, ist die Wahrscheinlichkeit relativ groß, dass es diesen Trend fortsetzt. Wenn Sie aus dieser Liste fünf bis zehn Unternehmen auswählen und davon jeweils Aktien kaufen, verfügen Sie mit relativ einfachen Mitteln über ein qualitativ hochwertiges Aktien-Depot mit starken Dividendenwerten.

Kurz-Check: Aktien (Schwerpunkt Dividendentitel)

Sicherheit		Langfristig liegen diese Papiere im Aufwärtstrend, aber kurzfristig sind starke Kursschwankungen möglich.
Liquidität		Aktien können börsentäglich ge- und verkauft werden.
Renditechance		Langfristig werfen Aktien ca. 8 % Gewinn pro Jahr ab.
Einfachheit		Es handelt sich um Unternehmens-anteile, die täglich an der Börse gehandelt werden. Die kurzfristige Kurs- und Dividendenentwicklung ist jedoch nicht leicht prognostizierbar.
Kosten		Niedrige Transaktionskosten, keine produktbezogenen Gebühren.
Haltedauer		Täglicher Handel möglich, aber das Aktienkapital sollte mindestens drei bis fünf Jahre investiert bleiben.

Tabelle 18: Wie Aktien im Kurz-Check abschneiden

DIE PFLEGELEICHTE ANLAGEVARIANTE: AKTIENFONDS

Nicht jeder Anleger hat die Zeit, Lust und Fachkenntnis, selbstständig ein Aktien-Portfolio mit fünf bis zehn Dividenden-Werten zu erstellen und zu kontrollieren. Falls Sie eine pflegeleichte Variante suchen, um zukünftig von den Dividenden-Zahlungen der Unternehmen zu profitieren, empfehlen wir Ihnen spezielle Aktienfonds, die sich auf eine Dividendenstrategie spezialisiert haben.

Es gibt an der Börse mehrere Dutzend Fonds, die ausschließlich in Aktien mit hohen und/oder stetig steigenden Dividenden investieren. Je nach persönlicher Neigung können Sie dabei auf zwei unterschiedliche Fondstypen setzen: Auf aktiv gemanagte Fonds oder auf Indexfonds (ETFs).

Möglichkeit 1: Aktiv gemanagte Fonds

Bei einem aktiv gemanagten Fonds übernimmt ein Fondsmanager oder ein ganzes Analysten-Team die Aktienauswahl. Die meisten Fondsmanager setzen auf 50 bis 100 Einzelwerte, um eine ausreichend große Risikostreuung zu erreichen. Diese Analyseleistung lässt sich die Fondsgesellschaft jedoch bezahlen. Rechnen Sie bei aktiv geführten Aktienfonds mit einer jährlichen Gesamtkostenquote (Fachbegriff »Total Expense Ratio«) von 1,5 bis 2,5 %, die von Ihrer Rendite abgehen.

Möglichkeit 2: Indexfonds (ETFs)

Von der Kostenseite her wesentlich günstiger sind Indexfonds (Kurzform: ETFs, Exchange Traded Funds = börsengehandelte Fonds). Da ein solcher Indexfonds »nur« den entsprechenden Vergleichsindex 1:1 kopiert, kann der Fondsanbieter sich einen Fondsmanager oder ein Analystenteam sparen. Das macht sich bei den Kosten bemerkbar. Bei den meisten Indexfonds liegen die Kosten pro Jahr zwischen 0,2 und 0,5 %. Es gibt auch ETFs auf Dividendenindizes.

Seit vielen Jahren wird an der Börse eifrig darüber diskutiert, ob aktiv geführte Fonds oder passive Indexfonds unter dem Strich (nach Abzug der Kosten) bessere Ergebnisse bringen. Aus unserer Sicht haben beide Fonds-Varianten ihre Berechtigung.

Ein Beispiel: In guten Börsenphasen haben die Indexfonds oft die Nase vorn, da diese Fonds immer zu 100 % investiert sind und daher stets das gesamte Kapital an der Börse »arbeitet«. Dieser Vorteil verwandelt sich in schwachen Marktphasen in einen Nachteil. Während der Indexfonds voll investiert in den Abwärtstrend marschiert, kann ein aktiver Fondsmanager die Aktienquote im Crash senken oder zum Teil sogar Instrumente beimischen, die von fallenden Kursen profitieren und so sein Aktienportfolio absichern. Daher kann es durchaus ein cleverer Schachzug sein, aktive und passive Fonds zu kombinieren.

Praxistipp

Fast jeder Fondsanbieter veröffentlicht monatlich einen kurzen Bericht (auch »Factsheet« genannt). In diesem Bericht, den Sie jeweils auf der Internetseite der Fondsgesellschaft finden, wird die Anlagestrategie erklärt, werden die größten Positionen aufgezählt und die Wertentwicklung über mehrere Zeiträume veröffentlicht. Für Ihren persönlichen Kurz-Check der Fonds-Investition ist das ausreichend.

Sie suchen nach einem Dividenden-Fonds, in den Sie bedenkenlos investieren können? Im Kapitel »Bewährte Beispiele …« ab S. 128 finden Sie unsere aktuellen Favoriten, sprich einen aktiv gemanagten Fonds und einen passiv gemanagten ETF auf einen Dividendenindex.

Kurz-Check: Aktienfonds (Dividendenstrategie)

Sicherheit		Langfristig Aufwärtstrend, aber kurzfristig starke Kursschwankungen möglich.
Liquidität		Fondsanteile können börsentäglich ge- und verkauft werden.
Renditechance		Langfristig werfen Aktien ca. 8 % Gewinn pro Jahr ab.
Einfachheit		Ein Aktienfonds investiert in ca. 50 bis 100 Aktien.
Kosten		Gebühren im Bereich von 1,5 bis 2,5 % pro Jahr bei aktiv gemanagten Fonds üblich, bei ETFs deutlich günstigere jährliche Gesamtkosten von 0,2 bis 0,5 %. Dazu kommen Transaktionskosten beim Kauf und Verkauf.
Haltedauer		Täglicher Handel möglich, aber das Fondskapital sollte mindestens drei bis fünf Jahre investiert bleiben.

Tabelle 19: Wie Aktienfonds im Kurz-Check abschneiden

DISCOUNT-ZERTIFIKATE:
AKTIEN MIT RABATT KAUFEN

Sie können Aktien auch indirekt mit einem Sicherheitspuffer kaufen. Das passende Börseninstrument nennt sich Discount-Zertifikat. Die Grundidee in einem Satz: Sie kaufen Aktien (oder einen Aktienindex) mit Rabatt, dafür ist im Gegenzug Ihr maximaler Gewinn begrenzt.

Die genauen Konditionen sind unterschiedlich und hängen zum Beispiel von der Volatilität (Schwankungsstärke des Aktienkurses) ab, aber grob vereinfacht sind folgende Konditionen typisch für ein Discount-Zertifikat auf den deutschen Aktienindex DAX: Sie steigen in den DAX mit einem Sicherheitspuffer von 10 % ein, können dafür aber im Gegenzug bis zum Laufzeitende in zwölf Monaten maximal 10 % gewinnen.

Wenn Sie davon ausgehen, dass die Aktienkurse mittelfristig steigen, dass kurzfristig jedoch große Ausschläge möglich sind, bietet sich für Sie dieses Investment mit Sicherheitspuffer an. Dann ist es besser, den gewünschten Basiswert (Aktie, Aktienindex) mit einem Rabatt zu kaufen.

Es gibt an der Börse entsprechende Zertifikate mit Rabatt (englisch: »Discount«). Statt der Aktie kaufen Sie ein Discount-Zertifikat. Der Vorteil: Selbst in stagnierenden Marktphasen kassieren Sie attraktive Gewinne.

Ein Discount-Zertifikat richtet sich in seiner Wertentwicklung nach dem Basiswert (zum Beispiel Aktie, Index, Rohstoff, Edelmetall). Sie können sich also aussuchen, welcher Wert Ihrem Discount-Zertifikat zugrunde liegen soll. Allerdings erhalten Sie den Rabatt

nicht ohne Gegenleistung. Diese Gegenleistung erbringen Sie als
Käufer eines Discount-Zertifikats durch einen Verzicht auf unbe-
grenzte Gewinne. Die Gewinne sind nämlich gedeckelt, sprich nach
oben begrenzt. Da Deckel auf Englisch »Cap« heißt, spricht man bei
Discount-Zertifikaten von einem »Cap«. Das ist die Schwelle, ab der
der Kurs Ihres Discount-Zertifikats nicht mehr steigt. Der Cap ist der
maximale Wert, den der Kurs Ihres Discount-Zertifikats erreichen
kann.

Bei Aktien gibt es für die Bank (Emittent) eine weitere Finanzierungs-
quelle: Während die Aktien-Besitzer in den Genuss einer Dividende
kommen, gehen Zertifikate-Besitzer leer aus. Tipp: Bei Aktien mit
sehr hohen Dividenden büßt ein Discount-Zertifikat deutlich an At-
traktivität ein. Ein Discount-Zertifikat müsste einen hohen maxima-
len Gewinn und einen großen Rabatt auf den Kurs bieten, um den
Verzicht auf die Dividende auszugleichen. Wenn Sie zwischen Aktie
und Discount-Zertifikat wählen, sollten Sie die Dividende mit einkalkulieren.

**Die wichtigsten Auswahlkriterien bei einem Discount-
Zertifikat**

➤ **Basiswert:** Auf welches Wertpapier soll sich Ihr Zertifikat
beziehen? Auf eine Aktie? Oder lieber auf einen Index wie
den DAX?

➤ **Laufzeit:** Achten Sie auf einen Zeitraum, in dem die Entwicklung des Basiswerts für Sie überschaubar bleibt. Wir
empfehlen Ihnen Laufzeiten im Bereich von sechs bis maximal 24 Monaten.

➤ **Höhe des Rabatts:** Es gibt Discount-Zertifikate mit einem Rabatt von 50 % und andere, bei denen es nur 5 % Abschlag auf den Kurs des Basiswerts gibt (wählen Sie mindestens 10 %).

➤ **Höhe des »Cap«:** Dieser Wert ist abhängig von der Höhe des Rabatts. Als Faustregel gilt: Je höher der Rabatt, desto niedriger der Cap, also die maximal mögliche Auszahlung.

➤ **Emittent:** Vor allem Banken geben Discount-Zertifikate heraus. Da Zertifikate rechtlich Schuldverschreibungen der Banken sind und ausfallen können, wenn der Emittent pleitegeht, sollten Sie auf eine gute Zahlungsfähigkeit des Emittenten achten.

Die Wertentwicklung in verschiedenen Szenarien

An der Börse gibt es leicht vereinfacht fünf unterschiedliche Kursentwicklungen: starke Kursgewinne, leichte Kursgewinne, stagnierende Kurse, leichte Kursverluste und hohe Kursverluste. Wir haben für Sie eine Musterrechnung erstellt, die Ihnen zeigt, wie sich ein Index, ein Indexfonds (ETF) und das Discount-Zertifikat in den unterschiedlichen Börsenphasen entwickeln.

Wertent- wicklung Index	Index- Stand	Kurs Indexfonds	Kurs- entwicklung Indexfonds	Kurs Discount- Zertifikat	Kursent- wicklung Discount- Zertifikat
+30 %	13.000	130,00 €	+30 %	100,00 €	+11 %
+10 %	11.000	110,00 €	+10 %	100,00 €	+11 %
0 %	10.000	100,00 €	0 %	100,00 €	+11 %
-10 %	9.000	90,00 €	-10 %	90,00 €	0 %
-30 %	7.000	70,00 €	-30 %	70,00 €	-22,22 %

Tabelle 20: Mögliche Wertentwicklung des Aktienindex, des Indexfonds
(ETF) und des Discount-Zertifikats, Ausgangsbasis: Index-Stand
10.000 Punkte; ETF-Kurs: 100 € und Zertifikate-Kurs: 90 €;
aus Vereinfachungsgründen sind einige Zahlen leicht gerundet

Das erste Szenario zeigt den »Schwachpunkt« des Discount-Zertifikats: Wenn der Aktienindex um 30 % (oder mehr) zulegt, macht der
Index-Fonds (ETF) die positive Kursentwicklung 1:1 mit, während
die Zertifikate-Besitzer »nur« 11 % gewinnen. Wenn Sie also von einem hohen zweistelligen Index-Anstieg ausgehen, ist ein Indexfonds
die beste Wahl. In allen anderen Szenarien schneidet das Discount-
Zertifikat besser ab.

Steigt der Aktienindex um 10 %, liegt das Zertifikat 11 % im Plus. Besonders attraktiv ist das Discount-Zertifikat, wenn der Index stagniert.
Dann erhalten Sie 100 € je Zertifikat ausgezahlt (= 11 % Gewinn). Verliert der Index 10 %, schneiden Sie mit dem Discount-Zertifikat bei
plus/minus 0 ab. Kommt es dagegen zum Kurssturz (-30 %), dann verliert auch das Discount-Zertifikat (-22 %), aber weniger als der Index-
Fonds.

Discount-Zertifikate als Zinsersatz

Die Musterrechnung verdeutlicht Ihnen, wie Sie mit Sicherheitsnetz an der Börse agieren können. Sie erhalten in diesem Beispiel die Chance auf 10 % Gewinn, dafür beträgt Ihr Sicherheitspuffer auch nur 10 %. Das ist ein Aktieninvestment mit Sicherheitspuffer.

Wenn Sie den Sicherheitspuffer deutlich erhöhen, wird das Kursrisiko immer geringer – dafür im Gegenzug auch die erreichbare Rendite. Diese Strategie ist für Sie dann interessant, wenn Sie Discount-Zertifikate als eine Art Zinsersatz in der Null-Zins-Phase betrachten. Hier ein konkretes Beispiel:

Wenn Ihnen 3 % Rendite pro Jahr reichen, bieten Ihnen entsprechende Discount-Zertifikate auf den deutschen Aktienindex DAX einen Sicherheitspuffer von gut 20 %. Sie würden am Ende der Laufzeit nur dann in die Verlustzone rutschen, wenn der Index mehr als 20 % verloren hat. In Crash-Phasen wie 2000 bis 2003 hat der deutsche Leitindex DAX sogar über 50 % verloren, aber in den meisten Fällen hätte der Sicherheitspuffer gereicht.

In neun Schritten zum richtigen Discount-Zertifikat

Ein Problem ist allerdings die riesige Zertifikate-Auswahl. So gibt es auf den deutschen Leitindex DAX rund 18.000 Discount-Zertifikate (Stand Februar 2015). Gehen Sie bei der Auswahl systematisch vor. Beispiel: Sie suchen ein Discount-Zertifikat mit einer Jahresrendite von 3 %.

➤ Schritt 1: Nutzen Sie im Internet eine Informationsplattform wie www.onvista.de, www.boerse.de oder www.finanzen.net.

➤ Schritt 2: Klicken Sie dort Ihren Wunsch-Basiswert an (zum Beispiel den DAX oder eine bestimmte Aktie).

➤ Schritt 3: Klicken Sie den Punkt »dazugehörige Derivate«, »Zugehörige« (oder eine ähnliche Formulierung) an.

➤ Schritt 4: Wählen Sie »Discount-Zertifikat« aus.

➤ Schritt 5: Bestimmen Sie die Laufzeit. Wie lange soll das Zertifikat laufen? Anregung: ein bis maximal zwei Jahre.

➤ Schritt 6: Sortieren Sie nach Rendite.

➤ Schritt 7: Stoppen Sie die Auswahl, wenn Sie bei Ihrer Wunsch-Rendite von 3 % angekommen sind.

➤ Schritt 8: Vergleichen Sie die beiden Kriterien Rendite und Discount. Wählen Sie die aus Ihrer Sicht beste Kombination aus.

➤ Schritt 9: Notieren Sie sich die Wertpapierkennnummer und kaufen Sie das Discount-Zertifikat über Ihre Depot-Bank.

Fazit

Discount-Zertifikate schneiden oft besser ab als Indexfonds oder Aktien. Nur in Phasen mit einem starken Aufwärtstrend ist ein direktes Investment besser. Dieses Ergebnis bestätigt auch eine Studie der Deutschen Bank, die den Erfolg und Misserfolg von Discount-Zertifikaten in der Dekade 1999 bis 2009 gemessen hat. Laut Studie haben 59,5 % der Discount-Zertifikate eine positive Rendite gebracht, aber nur 39,3 % der Basiswerte. Also ein klarer Punktsieg für die Discount-Zertifikate.

Kurz-Check: Discount-Zertifikat

Sicherheit	👎	Sicherheitspuffer im Vergleich zum direkten Aktienkauf. Dafür zusätzliches Emittenten-Risiko.
Liquidität	👍	Zertifikate können börsentäglich ge- und verkauft werden.
Renditechance	👍	6 bis 10 % Rendite in Kombination mit 10 % Sicherheitspuffer realistisch.
Einfachheit	👎	Faktoren wie Cap, Laufzeit und Sicherheitspuffer müssen berücksichtigt werden.
Kosten	👎	Niedrige Transaktionskosten, aber der Emittent kassiert die Dividenden.
Haltedauer		Täglicher Handel möglich. Dank der großen Zertifikate-Auswahl gut geeignet, um Kapital für ein bis zwei Jahre anzulegen.

Tabelle 21: Wie Discount-Zertifikate im Kurz-Check abschneiden

MISCHFONDS: LEISTEN SIE SICH EINEN VERMÖGENSBERATER

Geldanlage in der Null-Zins-Phase ist eine hohe Kunst. Wenn Sie nicht die Zeit und die Fachkenntnis besitzen, Ihre Ersparnisse mit relativ großer Wahrscheinlichkeit erfolgreich durch diese schwierige Phase zu bringen, können Sie auf die Hilfe von Profis setzen. Gute Vermögensberater nehmen jedoch oft nur Kunden an, die mindestens siebenstellige Beträge anlegen wollen. Es gibt jedoch eine interessante Anlage-Alternative für Sparer, die vier- oder fünfstellige Beträge anlegen möchten: Mischfonds, die von einem Vermögensberater betreut werden.

Der Name Mischfonds sagt schon aus, was Sie als Sparer erwartet: Eine bunte Mischung aus verschiedenen Anlageformen. Die Basis bilden im Regelfall Aktien und Zinspapiere. Einige Fondsmanager mischen auch noch Derivate (also beispielsweise Zertifikate und Optionsscheine), Edelmetalle oder Rohstoffe bei.

Die Frage ist, warum ein guter und erfolgreicher Vermögensberater eine Fondslösung für die breite Masse anbieten sollte. Dafür gibt es zwei Gründe. Zum einen können so neue Kundengruppen angesprochen werden. Es geht also um zusätzliche Einnahmen. Zum anderen ist ein erfolgreicher Fonds ein sehr guter Werbeträger. Der Fondsmanager wird von Börsenmedien befragt und kann dabei Werbung für seinen Fonds und seine Vermögensberatung machen. Unter dem Strich lohnt sich das für die großen Vermögensberater.

Mischfonds-Beispiele am Ende des Buches

Auch zum Thema Mischfonds finden Sie am Ende des Buches zwei bewährte Beispiele.

Kurz-Check: Mischfonds

Sicherheit		Durch die Kombination unterschiedlicher Anlageklassen sicherer als ein Aktieninvestment.
Liquidität		Fondsanteile können börsentäglich ge- und verkauft werden.
Renditechance		Das niedrige Zinsniveau drückt das Renditepotenzial der Zinstitel im Portfolio, dafür kann im Gegenzug die Aktienquote erhöht werden.
Einfachheit		Ein Fondsmanager stellt ein Musterdepot aus unterschiedlichen Anlageklassen zusammen. Es ist jedoch nicht ganz leicht, aussichtsreiche Fonds unter der Vielzahl der Angebote auszusuchen.
Kosten		Meistens teurer als ein reiner Aktienfonds (2 % und mehr).
Haltedauer		Täglicher Handel möglich. Gut geeignet für den langfristigen Vermögensaufbau.

Tabelle 22: Wie Mischfonds im Kurz-Check abschneiden

Genossenschaftsanteile von Volksbanken & Co. – der besondere Tipp

Genossenschaftsbanken, im deutschen Sprachraum vorwiegend unter den Namen Volksbanken und Raiffeisenbanken bzw. Spar- und Darlehenskassen bekannt, gibt es in vielen europäischen Ländern. Erste Genossenschaftsbanken wurden in der Mitte des 19. Jahrhunderts gegründet; ihr einfacher und bis heute erfolgreicher Grundgedanke ist der einer Kreditgenossenschaft: Die Mitgliedern haben die Möglichkeit, Geld gegen Zinsen anzulegen – mit dem so »eingesammelten« Geld werden an andere Mitglieder Kredite vergeben und damit Zinsgewinne erwirtschaftet.

Die Genossenschaftsbanken bilden eine Säule des Bankensystems, neben den öffentlich-rechtlichen Banken (z. B. Bundesbank, Förderbanken der Länder, Sparkassen) und den privaten Geschäftsbanken (z. B. Deutsche Bank, Commerzbank). Ihre Besonderheit ist, dass sie im Besitz vieler, kleiner Anteilseigner (Genossen) sind. Zwar muss heute niemand mehr Genosse werden, um ein Konto bei seiner örtlichen Volksbank zu eröffnen. Dennoch gibt es gerade im ländlichen Bereich immer noch große Überschneidungen zwischen den Mitgliedern und den Kunden einer Genossenschaftsbank.

Interessante Verzinsung der Genossenschaftsanteile

Die Mitglieder einer Genossenschaftsbank werden durch eine Dividende am Gewinn ihrer Bank beteiligt. Dies erfolgt üblicherweise durch eine jährliche Verzinsung des Genossenschaftsanteils, die bei jeder Bank unterschiedlich ausfällt, meist aber zwischen 4 und über

6 % liegt. Die Mitgliedschaft einer Genossenschaftsbank ist regional oder auf ihre Kunden beschränkt. Renditeaspekte stehen hier nicht im Vordergrund – gemäß dem Grundgedanken des Genossenschaftswesens, der auf Selbstverantwortung und Selbsthilfe der »kleinen Leute« beruht. Interessant ist eine jährliche Verzinsung von rund 5 % trotzdem.

Wenn Sie ein Konto oder Sparbuch bei einer Genossenschaftsbank besitzen bzw. dort einen Kredit aufgenommen haben, könnten Sie sich bei Ihrer Bank nach den Konditionen einer Mitgliedschaft erkundigen. Der Nennwert eines einzelnen Anteils kann zwischen 50 und 2.000 € liegen. Die Anzahl der Anteile pro Mitglied sind fast immer begrenzt. Falls Sie ohnehin eine langfristige Bindung an Ihre Volks- oder Raiffeisenbank anstreben, bietet die Mitgliedschaft eine gute Möglichkeit, für einige hundert oder sogar mehrere tausend Euro dauerhaft eine gute Verzinsung zu erhalten.

Die Mitgliedschaft in einer Genossenschaftsbank ist kein »Investment«, das Sie wegen einer günstigen Verzinsung für ein, zwei Jahre eingehen sollten. Das widerspräche dem Genossenschaftsgedanken. Zudem wäre der organisatorische Aufwand für Sie und die Bank unangemessen hoch. Die Mitgliedschaft sollte auf Dauer angelegt sein. Als Genosse haben Sie ein Stimmrecht auf der Mitgliederversammlung, Anteile können sogar vererbt werden, sofern die Satzung der betreffenden Bank das vorsieht. Ein Weiterverkauf wie z. B. bei Aktien ist nicht möglich, möglich ist nur eine Kündigung der Mitgliedschaft. Allerdings gibt es dafür meist Fristen, z. B. eine mehrmonatige Kündigungsfrist zum Jahresende. Die Auszahlung des gekündigten Anteils erfolgt erst nach der nächsten Hauptversammlung, sodass Sie manchmal über ein Jahr auf Ihr Geld warten müssen.

Kaum bekannt: die Nachschusspflicht

Ein Nachteil von Genossenschaftsanteilen zeigt sich im Falle einer finanziellen Schieflage oder gar Insolvenz. Hier droht den Mitgliedern nicht nur der Verlust ihres eingesetzten Kapitals, sondern sogar eine Nachschusspflicht. Diese variiert von Institut zu Institut. Sie kann bis zum Dreifachen des Nennwertes eines Anteils gehen. Sie sollten also nur Genosse werden, wenn Sie eine Insolvenz Ihrer örtlichen Volksbank für sehr unwahrscheinlich halten. Allerdings ist das Einlagensicherungssystem der genossenschaftlichen Banken darauf angelegt, dass die Institute sich gegenseitig Hilfe leisten, wenn eines in finanzielle Schieflage gerät. Das ganze System zielt darauf ab, eine Genossenschaftsbank gar nicht erst pleitegehen zu lassen.

Unsere Anregung: Gehen Sie zur nächsten Volksbank Ihres Vertrauens und erkundigen Sie sich dort nach den Konditionen und Voraussetzungen einer Mitgliedschaft. Genossenschaftsanteile können ein attraktiver Weg sein, die Mini-Zins-Phase zu überstehen. Als renditestarke Beimischung zur eigenen Vermögensanlage ist das oft sehr interessant. Großer Vorteil: Kein Großinvestor kann Ihnen hier Konkurrenz machen und durch Käufe die Rendite nach unten drücken (im Gegensatz zum Anleihenmarkt, der von Großinvestoren dominiert wird).

Mehr Informationen über diese interessante Art der Geldanlage finden Sie online:

➤ www.vr.de/privatkunden/mitgliedschaft.html

➤ http://www.sparda.de/vorteile-fuer-mitglieder.php

Kurz-Check: Genossenschaftsanteile

Sicherheit	👍	Insolvenz einer genossenschaftlichen Bank vergleichsweise unwahrscheinlich.
Liquidität	👎	Rückzahlung möglich, aber an Kündigungsfristen gebunden; Weiterverkauf nicht möglich.
Renditechance	👍	Meist gute Verzinsung.
Einfachheit	🤙	Sie erwerben einen Anteil an Ihrer Bank, der dann regelmäßig verzinst wird; etwas Aufwand zu Beginn und bei einer eventuellen Kündigung.
Kosten	🤙	Im Falle einer finanziellen Schieflage der Bank kann die Nachschusspflicht zum Tragen kommen.
Haltedauer		Mehrere Jahrzehnte, oft ein Leben lang.

Tabelle 23: Wie Genossenschaftsanteile im Kurz-Check abschneiden

Bewährte Beispiele zu einzelnen Anlageformen

Ein Buch kann selbstverständlich – anders als ein Börsenbrief – keine tagesaktuellen Anregungen enthalten. Dennoch haben wir für Sie einige Wertpapiere zusammengestellt, die zum Erscheinungszeitpunkt dieser Auflage zu den besten in ihrer jeweiligen Klasse gehören. Das soll Ihnen zumindest als Orientierung dienen.

Pfandbrief-Fonds

Drei Pfandbrief-Fonds (zunächst ein aktiv geführter Fonds, danach zwei Indexfonds), die in den vergangenen fünf Jahren ein solides Plus erwirtschaftet haben, sind:

➤ DWS Covered Bond Fund LD
   (WKN: 847635; ISIN: DE0008476532)

➤ Lyxor ETF EuroMTS Covered Bond AGGREGATE
   (WKN: LYX0B3; ISIN: FR0010481127)

➤ db x-trackers II IBOXX GERMANY COVERED UCITS ETF
   (WKN: DBX0AX; ISIN: LU0321463506)

Praxistipp: Den Ausgabeaufschlag können Sie beim DWS-Fonds vermeiden, wenn Sie den Fonds spesengünstig über die Börse kaufen und nicht über die Fondsgesellschaften (KAG).

Genussscheine

Für Sie als Anleger haben wir einen bewährten Genussschein-Fonds ausgesucht, mit dem Sie von den Vorteilen dieser interessanten Wertpapiergattung profitieren:

➤ Deka Genüsse + Renten (WKN: 847982; ISIN: DE0008479825)

Für die Fondsbetreuung verlangt Deka rund 1 % an Gebühren pro Jahr. Den zusätzlich fälligen, einmaligen Ausgabeaufschlag in Höhe von 3,75 % können Sie jedoch vermeiden, wenn Sie den Fonds spesengünstig über die Börse kaufen und nicht über die Fondsgesellschaft (KAG). Weitere Informationen finden Sie auf der Internetseite: www.deka.de

Wandelanleihen

Börsennotierte Wandelanleihen-Fonds mit guten Noten sind zum Beispiel:

➤ Fisch CB Int. Convertible Expert Fund (WKN: 216720; ISIN: LU0162829799); mehr Informationen finden Sie unter: www.fischfundservices.lu

➤ F&C Global Convertible Bond (WKN: 801625; ISIN: LU0157052563); mehr Informationen finden Sie unter: www.fandc.com

Den Ausgabeaufschlag können Sie auch hier jeweils vermeiden, wenn Sie die Fonds spesengünstig über die Börse kaufen und nicht über die Fondsgesellschaften (KAG).

Aktienfonds (Dividendenstrategie)

Ein Musterbeispiel für einen weltweit anlegenden, aktiv geführten Dividendenfonds:

➤ M&G Global Dividend Fund
(WKN: A0Q349; ISIN: GB00B39R2S49)

Weitere Informationen dazu finden Sie im Internet auf der Seite: www.mandg.de/privatanleger

Spartipp: Der Ausgabeaufschlag in Höhe von 4,00 % entfällt, wenn Sie den Fonds nicht über die Fondsgesellschaft (KAG), sondern über die Börse kaufen (z. B. über die Börsenplätze Frankfurt, Hamburg, Stuttgart, Düsseldorf, Tradegate).

Das zweite Musterbeispiel für einen weltweit anlegenden Dividendenfonds ist ein passiv gemanagter ETF:

➤ iShares Stoxx Global Select Dividend 100
(WKN: A0F5UH; ISIN: DE000A0F5UH1)

Weiter Informationen zu diesem Indexfonds finden Sie im Internet auf der Seite: http://www.ishares.com/de

Mischfonds

Zu den bekanntesten Vermögensverwaltern in Deutschland gehört seit mehreren Jahrzehnten Dr. Jens Ehrhardt (auch bekannt unter dem Kürzel DJE). Dr. Ehrhardt bevorzugt einen eher konservativen Anlagestil. Sein Unternehmen verwaltet nach eigenen Angaben rund

10 Mrd. €. Aus dem Hause DJE kommt auch ein Mischfonds mit guten Bewertungen:

➤ DJE Zins & Dividende
   (WKN: A1C7Y8; ISIN: LU0553164731)

Der Fonds verfolgt eine defensive Anlagepolitik und setzt stets zu
mindestens 50 % auf Zinspapiere. Zum Stichtag 30. Dezember 2014
bestand das Fondsdepot zu 50,98 % aus Anleihen, zu 46,43 % aus
Aktien, und der Kassenbestand lag bei 2,59 %.

Für die Fondsbetreuung berechnet DJE rund 2 % Gebühren pro Jahr.
Den Ausgabeaufschlag in Höhe von 4 % können Sie vermeiden, wenn
Sie den Fonds spesengünstig über die Börse kaufen und nicht über
die Fondsgesellschaft. Weitere Informationen finden Sie auf der Internetseite: www.dje.de

Ebenfalls sehr bekannt ist die Vermögensverwaltung Flossbach von
Storch (FvS). Im Fondsbereich hat sich der Mischfonds FvS Multiple Opportunities (WKN: A0M430; ISIN: LU0323578657) einen
Spitzenplatz erkämpft. Die Merkmale des Multiple Opportunities
sind: eine relativ hohe Aktienquote, eine niedrige Zinsquote und eine
breite Streuung. Der Fonds ist also offensiver positioniert als der
Fonds von DJE. Der FvS-Fonds hat Ende 2014 diesen Depot-Mix
veröffentlicht: 69,57 % Aktien, 11,13 % Zinspapiere, 8,59 % Gold,
0,79 % Wandelanleihen und rund 10 % Kassenbestand.

Für die Fondsbetreuung erhebt FvS rund 1,7 % Gebühren pro Jahr.
Auch hier lässt sich der Ausgabeaufschlag in Höhe von 5 % vermeiden, wenn Sie den Fonds spesengünstig über die Börse kaufen und
nicht über die Fondsgesellschaft (KAG). Weitere Informationen finden Sie auf der Internetseite: www.fvsinvest.lu

Zu guter Letzt: Machen Sie aus der Not eine Tugend und sparen Sie Steuern!

Das Zinsniveau hat in vielen Ländern ein historisches Tief erreicht. Wer mit Schweizer Staatsanleihen eine positive Rendite erreichen will, muss Laufzeiten von über 13 Jahren wählen. Mit deutschen Staatsanleihen erreichen Sie einen Mini-Zinsgewinn, wenn Sie Laufzeiten von knapp zehn Jahren wählen. Seit Aufzeichnung der Zinsdaten gibt es kein vergleichbares Zins-Tief.

Das Problem: Viele Sparer rechnen noch mit den alten Renditen und passen ihre Freistellungsaufträge nicht an die neue Situation an. So kann sehr viel Geld verschenkt werden – und zwar in Form von Steuern an den Staat!

Zum Hintergrund: Jeder Bundesbürger kann bis zu einer bestimmten Grenze Kapitalerträge steuerfrei einstreichen. Dieser steuerfreie Betrag wird Sparerpauschbetrag genannt. Ledige kommen auf einen Pauschbetrag von 801 €, Verheiratete zusammen auf 1.602 €.

Wie können Sie die Freibeträge nutzen? Hier ein Beispiel: Im Jahr 2005 erhielt ein Sparer, der für 100.000 € deutsche Staatsanleihen mit einer Laufzeit von zehn Jahren gekauft hat, rund 3.800 € Zinsen pro Jahr. Damit wurde der Sparer-Pauschbetrag weit übertroffen und voll ausgeschöpft.

Im Jahr 2015 erhält der Sparer, der die gleiche Summe in deutsche Staatsanleihen anlegt, nur noch rund 300 € Zinsen pro Jahr. Damit ist der Sparer-Pauschbetrag bei weitem nicht ausgeschöpft. Die freie Summe kann anders ausgenutzt werden. Wenn Sie zum Beispiel ein Aktien-Depot eröffnen, können Sie damit auch Dividenden-Erträge abdecken und sparen auf diese Weise Steuern.

Daher unsere abschließende Anregung: Kontrollieren Sie Ihren Freistellungsauftrag bzw. Ihre Freistellungsaufträge und teilen Sie sie auf, wenn Sie mehrere Konten mit Kapitaleinkünften besitzen oder diese auf verschiedene Banken verteilt sind. Passen Sie die Aufträge an das neue Zinsniveau an. Achten Sie dabei aber darauf, dass die Summe der freigestellten Beträge den Sparerpauschbetrag nicht überschreitet. **Damit schließt sich der Kreis: Sie verschenken kein Geld an den Staat.**

DAS WICHTIGSTE IN KÜRZE

Sie haben in diesem Buch umfassende Informationen erhalten, wie Sie in der Null-Zins-Phase Ihr Geld sinnvoll anlegen können. Die wesentlichen Erkenntnisse werden hier noch einmal kurz für Sie zusammengefasst:

> Die wichtigsten Anlagekriterien sind Sicherheit, Liquidität und Rendite. Keine Anlageform erreicht in allen drei Bereichen Spitzenwerte. Für die Aussicht auf mehr Rendite müssen Sie also z. B. Abstriche bei der Sicherheit machen. Sie sollten aber umgekehrt keinen Nachteil etwa bei der Liquidität akzeptieren, wenn Sie dafür keine »Gegenleistung« in Form einer höheren Rendite erhalten.

> Um das Risiko zu reduzieren, sollten Sie Ihr Kapital streuen, das heißt, auf mehrere Anlageformen verteilen. Das gilt auch, wenn Sie ausschließlich »sichere« Anlageformen wählen. Um eine angemessene Risikostreuung zu erreichen, müssen Sie kein Millionär sein: Auch mit 50 € im Monat können Sie über einen Fonds in 50 oder mehr verschiedene Aktien aus aller Welt investieren. Aber: Streuen Sie auf der anderen Seite auch nicht zu stark. Mehrere Dutzend Depot-Positionen können Sie nicht kontrollieren.

> Tagesgeld ist in puncto Sicherheit und Liquidität (und Einfachheit u. a.) nahezu optimal. Akzeptieren Sie weniger liquide oder sichere Geldanlagen nur dann, wenn ihre Rendite spürbar über derjenigen von Tagesgeld liegt.

> Der Garantiezins von Kapitallebensversicherungen liegt momentan historisch niedrig; die Aussicht auf eine spürbare Überschussbeteiligung ist vage, da die Versicherer die Last hochverzinster Altverträge stemmen müssen. Binden Sie nicht Ihr Geld

über Jahre (und zahlen Sie nicht zudem Provision) für eine Rendite, die am Ende der Laufzeit möglicherweise unterhalb derjenigen von Tagesgeld liegen wird.

➤ Festverzinsliche Papiere (z. B. Anleihen, Sparbriefe) unterliegen dem Zinsrisiko – steigen die Zinsen, fällt ihr Kurs. Zwar ist ein Ende der Niedrig-Zins-Phase momentan nicht in Sicht, aber wer weiß, was in fünf oder zehn Jahren ist? Seien Sie sich dieses Risikos bewusst, bevor Sie in Anleihen – insbesondere in Papiere mit langer (Rest-)Laufzeit – investieren.

➤ Wenn Sie Ihr Geld nur für Monate oder wenige Jahre »parken« wollen, setzen Sie auf risikoarme Anlageformen: Tagesgeld sowie Festgeld und Anleihen mit kurzer (Rest-)Laufzeit. Planen Sie einen Vermögensaufbau über Jahrzehnte, sollten Sie Anlageformen mit moderatem Risiko – vor allem dividendenstarke Aktien – in Betracht ziehen.

➤ Dividenden schlagen Zinsen! Wer eine Rendite deutlich oberhalb der Inflationsrate anstrebt, kommt aktuell an dividendenstarken Aktien nicht vorbei.

GLOSSAR

Abgeltungssteuer
Steuer, die seit dem Jahr 2009 einheitlich auf alle Kapitalerträge erhoben wird. Ausgenommen sind Kursgewinne von Wertpapieren, die Sie vor 2009 gekauft haben (bei Zertifikaten ist der Stichtag der 14. März 2007). Der Steuersatz beträgt 25 %, mit Solidaritätszuschlag und evtl. Kirchensteuer bis zu 29 %. Der Sparerpauschbetrag bleibt von der Abgeltungssteuer befreit, sofern Sie Ihrer Bank einen Freistellungsauftrag erteilen.

Aktie
Anteil am Grundkapital eines Unternehmens, das in der Rechtsform der Aktiengesellschaft (AG), Europäischen Gesellschaft (SE) oder Kommanditgesellschaft auf Aktien (KGaA) organisiert ist. Die Inhaber von Aktien (Aktionäre) besitzen ein Stimmrecht auf der Hauptversammlung und ein Recht auf eine Beteiligung am Gewinn des Unternehmens, die Dividende. Inhaber von Vorzugsaktien besitzen in der Regel anders als Stammaktionäre kein Stimmrecht, genießen dafür aber andere Vorteile – meist eine höhere Dividende pro Aktie.

Aktienfonds
Ein Investmentfonds, der ausschließlich in Aktien investiert.

Aktienindex
Auswahl bestimmter Aktien, die als repräsentativ für ein bestimmtes Marktsegment – etwa ein bestimmtes Land oder eine spezielle Branche – angesehen werden. Eine Kennzahl, die aus den Kursen dieser Aktien errechnet wird, soll die Entwicklung dieses Marktsegments darstellen. Der 1988 eingeführte Deutsche Aktienindex (DAX) wird aus den Kursen der 30 größten und umsatzstärksten deutschen Unternehmen ermittelt.

Anleihe

Eine Anleihe (engl.: Bond) ist ein festverzinsliches Wertpapier. Als Anleger stellen Sie dem Emittenten der Anleihe Ihr Geld für eine feste Laufzeit und zu einem festgelegten Zinssatz zur Verfügung.

Bonität

Die Bonität (Kreditwürdigkeit) bezeichnet die Fähigkeit eines Schuldners, seine Schulden bezahlen zu können. Sie wird von Rating-Agenturen ermittelt, die Ratings für Unternehmen und Staaten vergeben, sprich deren Bonität einstufen. Bevor Sie in eine Anleihe investieren, sollten Sie aber auf jeden Fall weitere Erkundungen einziehen und sich nicht allein auf das Rating verlassen.

Börse

Der Handelsplatz, an dem Wertpapiere, Devisen, Rohstoffe u. a. gehandelt werden und an dem durch Angebot und Nachfrage deren Kurse ermittelt werden. Heute ist der Handel an einem konkreten Ort (Präsenz- oder Parketthandel) weitgehend durch Computerbörsen wie das deutsche elektronische Handelssystem Xetra abgelöst.

Depot

Ort, an dem Wertpapiere für einzelne Anleger aufbewahrt werden. Um Aktien oder Anleihen kaufen zu können, müssen Sie zuvor bei einer Bank ein Depot eröffnen. Bei Filialbanken kostet dies in der Regel Depotgebühren, viele Online-Banken (Direktbanken) führen kostenlose Depots.

Diversifikation

Verteilung des angelegten Kapitals auf verschiedene Anlageformen (z. B. Aktien, Fonds und Anleihen) sowie innerhalb der Anlageformen auf verschiedene Werte. Ziel der Diversifikation ist es, das Risiko von Verlusten zu begrenzen, ohne dafür auf Wertpapiere mit hoher Renditechance zu verzichten.

Dividende

Anteil am Gewinn einer Aktiengesellschaft. Den prozentualen Anteil der Dividende an dem Kurs, zu dem die Aktie gekauft wurde, bezeichnet man als Dividendenrendite.

Emission

Ausgabe von Wertpapieren, z. B. von Aktien im Rahmen des Börsengangs oder der Kapitalerhöhung eines Unternehmens. Auch Anleihen werden emittiert – durch einen Staat oder ein Unternehmen.

ETF

Börsengehandelter Indexfonds (engl.: Exchange Traded Fund). Der ETF bildet einen Index (z. B. den DAX) nach, wird also nicht aktiv von einem Fondsmanager geführt.

Fonds

Ein Fonds kauft mit dem Geld seiner Anleger Wertpapiere. Diese bilden das Fondsvermögen, ihre Kursentwicklung sowie anfallende Zinsen und Dividenden bestimmen den Gesamtwert des Fonds und somit Kurs des einzelnen Fondsanteils; die Auswahl der Wertpapiere erfolgt durch den Fondsmanager. Durch Diversifikation verringert der Fonds das Risiko eines Kapitalverlusts. Wenn Sie regelmäßig – z. B. monatlich – einen immer gleichen Betrag in den Fonds investieren, profitieren Sie zudem vom Durchschnittskosteneffekt (Cost-Average-Effekt): In Zeiten niedriger Kurse kaufen Sie automatisch mehr Anteile, ihr durchschnittlicher Kaufpreis liegt also etwas unterhalb des durchschnittlichen Kurses.

ISIN

Die zwölfstellige ISIN (= International Security Identification Number) ist eine internationale Kennnummer für Wertpapiere, anhand derer sich ein Wertpapier eindeutig bestimmen lässt. Die beiden ersten Stellen bilden das Länderkürzel, z. B. DE für Deutschland oder CH für die Schweiz.

Limit

Eine bei der Orderabgabe vom Anleger festgelegte Kursschwelle, zu der er ein Wertpapier höchstens kaufen oder mindestens verkaufen will. Gerade bei wenig gehandelten Wertpapieren sind Limits empfehlenswert. Sonst wird die Transaktion zum günstigsten erzielbaren Preis ausgeführt, und Sie laufen Gefahr, zu teuer zu kaufen oder zu billig zu verkaufen.

Liquidität

Die Möglichkeit, ein Wirtschaftsgut am Markt möglichst schnell gegen ein anderes eintauschen zu können; bei einer Geldanlage bedeutet Liquidität, dass Sie jederzeit – zumindest börsentäglich – an Ihr Geld kommen.

Portfolio

Das Portfolio (Portefeuille) ist die Gesamtheit aller Papiere (Aktien, Anleihen etc.) im Depot eines einzelnen Anlegers oder im Fondsvermögen. Ein ausgewogenes Portfolio dient der Diversifikation.

Rating

Die Bonität (Kreditwürdigkeit) eines Unternehmens oder Staates in der Beurteilung einer Rating-Agentur.

Rendite

Die Rendite ist der prozentuale Gewinn, meist bezogen auf ein Jahr. Die Rendite einer Geldanlage lässt sich berechnen, indem man die Summe aller Gewinne ins Verhältnis zum eingesetzten Kapital setzt. Bei einem Gesamtverlust ergibt sich eine negative Rendite.

Rentenfonds

Ein Fonds, der überwiegend in festverzinsliche Anleihen investiert.

Risiko

Bei einer Geldanlage die Möglichkeit, Verluste zu erwirtschaften; im Gegensatz dazu bekommen Sie bei sicheren Geldanlagen immer mindestens Ihr eingesetztes Kapital zurück. Warum Sie trotzdem Risiken nicht kategorisch ausschließen sollten, mag ein Rückgriff auf den deutschen Soziologen Niklas Luhmann (* 1927, † 1998) verdeutlichen. Er bezeichnete den Gegensatz »Risiko – Sicherheit« als zu kurz gegriffen und stellte dem Risiko die von Umwelteinwirkungen ausgehende Gefahr gegenüber. Wer nie ein Risiko eingeht, ist also nicht »sicher«, er verzichtet lediglich auf den Versuch, den ihn ohnehin bedrohenden Gefahren entgegenzusteuern. Das bedeutet konkret: Wer heute nur auf »sichere« Geldanlagen setzt, könnte in einigen Jahren vor allem sichere reale Kaufkraftverluste feststellen müssen.

WKN

Die WKN (= Wertpapierkennnummer) ist eine in Deutschland verwendete, sechsstellige Folge von Ziffern und Buchstaben, die Wertpapiere eindeutig kennzeichnet. Ihr internationales Pendant ist die ISIN.

Xetra

Das elektronische Handelssystem der Deutschen Börse AG.

Börse ganz praktisch

Rolf Morrien I Judith Engst

Wie eröffne ich ein Depot-Konto? Welcher Broker passt zu mir? Wie wähle ich Aktien richtig aus? Warum notieren die Schweizer Aktien in meinem Depot in Euro und was passiert damit im Falle eines Euro- Crashs? Wie vermeide ich unnötige Fondsgebühren? Wie berechne ich die Rendite einer Anleihe? Welche Tricks gibt es, um Steuern zu sparen?

In den vergangenen 13 Jahren haben die beiden Finanzjourna-listen Judith Engst und Rolf Morrien über 10 000 Leserfragen ausgewertet. Viele davon sind für alle interessant, die sich mit Wertpapieren und Geldanlage befassen oder zukünftig neu befassen wollen. Wer dieses Buch kauft, findet in leicht verständlicher, gut umgesetzter Form wichtige Informationen, die nicht nur den Wissensdurst stillen, sondern vor allem bares Geld wert sind! Die ideale Lektüre für Anleger, die mit Sachverstand investieren wollen.

208 Seiten I Hardcover I 19,99 € (D) I ISBN 978-3-89879-832-7
Mehr Informationen zu Investmentthemen finden Sie unter www.portfoliojournal.de

Börse leicht verständlich

Rolf Morrien I Judith Engst

Die Finanzkrise hat dramatische Auswirkungen auf Privat-
vermögen und Altersvorsorge. Rentenansprüche werden
gekürzt. Lebensversicherungen stecken in der Krise. Auch
auf den Staat ist schon lange kein Verlass mehr. Daher muss
jeder Anleger das Heft selbst in die Hand nehmen und
handeln. Aber wie baut man ein Vermögen auf oder erzielt
ein dauerhaftes Einkommen aus Zinserträgen? Aktien,
Fonds, Anleihen, Zertifikate - es gibt Millionen Wertpapiere
und Anlagemöglichkeiten. Dieses Buch beschreibt, wie
man ein Depot eröffnet, wie man geeignete Wertpapiere
findet, welche Risiken es gibt und was man beim Kauf
beachten sollte.

224 Seiten I Hardcover I 19,99 € (D) I ISBN 978-3-89879-630-9
Mehr Informationen zu Investmentthemen finden Sie unter www.portfoliojournal.de